MI PRIMER SPRINT CON SCRUM

Una **explicación** sencilla de cómo ser **ágil** en cualquier **sector** y **compañía**.

J. G. Kalahan

*Nunca pierdas la capacidad de sorprenderte,
nunca dejes de aprender, mantente curioso*

Lo dedico con amor a mi padre, a mi madre y a mis hermanos. Son el gran apoyo y motivación para dar cada día un paso adelante.

Agradezco a mis padres, hermanos y a todos aquellos que creyeron y apoyaron la realización de este libro.

Gracias infinitas a mis compañeros del Máster, los cuales ayudaron en la revisión y edición del contenido y portada de este libro.

Mi primer Sprint
con Scrum

J.G. Kalahan

Contenido

Prefacio 14
   Recomendaciones antes de iniciar… 17
      Si no tengo experiencia… 18
      Si ya tengo experiencia… 18
Introducción.. 19
   ¿Qué es ser ágil?... 20
   ¿Ser o hacer ágil? 21
   ¿Qué es Scrum?... 40
   El Sprint 42
-    Meta del Sprint (Sprint Goal) 45

   Pilares 46
      Transparencia 46
      Inspección.. 46
      Adaptación 46
   Artefactos... 47
      Lista del Producto (Product Backlog) 47
-    Lista del producto visible 50
-    Historias de usuario ("User Stories") 52

      Lista de Pendientes del Sprint (Sprint Backlog) 55
      Incremento 57
   Equipo Scrum (Roles) 57

El Dueño del Producto (Product Owner) 57

  El Equipo de Desarrollo 58

  El Scrum Master 59

 Eventos 60

Mi primer Sprint Planning.. 61

 Objetivo del Sprint Planning 63

 Responsabilidades dentro del Sprint Planning 66

 Reduciendo incertidumbre....................................... 68

 Lugar del Sprint Planning 70

 De la discusión a la conversación 71

 Ser constantes en la duración del Sprint............... 72

 Estimación 73

 ¿Perfección al estimar? 74

 Planning Poker 76

 ¿Cómo se usa el Planning Poker? 80

 Cartas con símbolos 85

 ¿Y qué pasa cuando se usa la carta de interrogación, de infinito o se estima muy alto? .. 85

 Pivote ¿Qué es?... 87

 ¿Cómo elegir un Pivote? 87

 ¿Por qué elegir la historia con menos puntos de historia?.. 89

¿Y si una estimación no encaja dentro de los números del mazo? 90

Mantener el mismo pivote 91

Velocidad del Sprint y Velocidad del equipo 93

Cambios a mitad del Sprint 96

Cancelación de un Sprint 101

¿Trabajo pendiente? 101

Mi primer Daily Scrum 103

Una valiosa enseñanza: principio KISS 105

Sitio y hora del Daily Scrum 107

Daily Scrum a primera hora del día 108

Estar de pie 109

¿Por qué 15 minutos? 110

Equipo empoderado 112

Asignación de Historias de usuario; Auto-organización 113

Gestión de impedimentos 116

Importancia de la cross-funcionalidad en la solución de impedimentos 117

Otros datos del Daily Scrum 118

A diario, generalmente en el Daily, se actualiza el diagrama. En páginas más adelante lo explicaremos mejor 127

¿Cómo usar el Burn Down Chart? 129
   Dos posibles situaciones con el Burn Down Chart: 131
Mi primer Revisión del Sprint (Sprint Review) 136
   Pilares Scrum dentro del Sprint Review 138
   El éxito o fracaso del sprint es responsabilidad de todos 139
   ¿Cómo hacer la Revisión del Sprint? 142
Mi primer Sprint Retrospective 144
   Entender muy bien el objetivo de la Retrospectiva 147
   Duración de la Retrospectiva 152
   ¿Cómo se hace la Sprint Retrospective? 152
   Algunas dinámicas y herramientas para realizar tu primera Retrospectiva... 153

Prefacio

Este libro comparte algunas de las experiencias que he vivido dentro del agilismo, más exactamente lo aprendido implementando el marco de trabajo Scrum. Cada experiencia aquí descrita, es un relato simplificado de los acontecimientos más relevantes que me han ocurrido al trabajar dentro del marco.

Scrum, se basa en la teoría de control de procesos empírica, es decir, cuanto más se practique y cuanto más se compartan experiencias, lo aprenderemos a dominar cada día más.

Scrum en su naturaleza inherente de marco, describe el "qué" se debe hacer pero no detalla el "cómo". Nos entrega elementos que rodean nuestro quehacer, para llevar un proceso organizado, ágil y fácil de entender.

Nosotros como usuarios del marco, trabajamos dentro de él aprovechando sus ventajas y viviendo sus limitaciones. No obstante, es tarea de cada uno de nosotros encontrar el "cómo" implementar Scrum.

Para encontrar el "cómo", la mejor forma es a través del conocimiento compartido y adquirido gracias a la experiencia. El "cómo" dependerá mucho de la naturaleza y el entorno en que esté inmerso tu equipo y tu proyecto.

Cada equipo y proyecto tiene diversos factores y circunstancias que lo hacen muy particular y distinto de los otros. Es por eso, que antes de iniciar con el contenido principal de éste libro, quiero aclarar que *Mi primer Sprint con Scrum,* no es un manual que pretende explicar la mejor, o la peor forma de implementar Scrum, sólo busco compartir experiencias y conocimientos adquiridos al implementar el marco, las cuales te ayudarán a entender el cómo implementar Scrum.

Mi primer Sprint con Scrum recopila, en su mayoría, mi experiencia como Scrum Master. Sin embargo, está especialmente orientado a cualquier rol dentro del marco Scrum.

Lo que estás a punto de leer quizá no se ajuste completamente a todos los equipos y los entornos de trabajo, aun así, espero que puedas sacarle el mayor provecho de una manera u otra; ya sea porque estas experiencias sirven directamente a tus equipos, o porque en tu contexto actual quizá no se aplique exactamente igual, pero que has podido analizar y reflexionar sobre lo que se debe y no se debe hacer para mejorar tu propia realidad.

Cualesquiera que sean los sentimientos o razonamientos generados a partir de esta lectura, espero sepas aprovechar positivamente lo que se narra a continuación, y que al terminar compartas activamente tus conocimientos para seguir creciendo todos como comunidad.

Entre todos nos nutrimos de experiencias, y es responsabilidad de cada uno saberlas aprovechar para nuestro propio entorno.

Entendiendo la importancia del empirismo para la dominación del marco; *Mi primer Sprint con Scrum* contiene una recopilación de sucesos vividos en diferentes industrias, con diferentes personas, en momentos distintos.

Con los relatos aquí recopilados podrás iniciar hoy mismo a implementar Scrum en tu compañía.

Antes de compartir mis experiencias, quiero proporcionar una explicación teórica básica que te dará algunas ideas para que puedas realizar tu primer Sprint a la brevedad. Los capítulos a continuación están organizados de tal forma que puedas iniciar tan pronto como termines de leer cada uno de ellos.

Al finalizar la implementación de tu primer Sprint, recuerda valorar lo aprendido y así mismo implementar tus propias maneras de hacer mejor las cosas.

Recomendaciones antes de iniciar...

Antes de iniciar, te recomiendo leer el *manifiesto ágil* y la *Guía de Scrum* (esta última escrita por Ken Schwaber y Jeff Sutherland). Son lecturas cortas que se pueden leer fácilmente. Estas lecturas son un requisito simple y necesario, tanto como si lees este libro o cualquier otro que hable del marco de trabajo Scrum. A continuación, te doy los detalles para que encuentres las lecturas:

Links para lectura y descarga:

Guía de Scrum: https://www.scrumguides.org/
Manifiesto ágil: http://agilemanifesto.org/
Principios del Manifiesto Ágil:
http://agilemanifesto.org/iso/es/principles.html

Si no tengo experiencia...

Para poder leer *Mi primer Sprint con Scrum* no es necesario que tengas certificaciones relacionadas al marco o que tengas experiencia con Scrum; el único requisito es que leas el *manifiesto ágil* y la *Guía de Scrum*, dos lecturas que son los lineamientos por excelencia de lo que estás a punto de leer.

No tengas miedo de empezar ahora mismo a implementar Scrum en tu compañía. Espero que *Mi primer Sprint con Scrum,* pueda ayudarte a iniciar de una manera más fácil.

Si ya tengo experiencia...

Si ya tienes experiencia, *Mi primer Sprint con Scrum* te ayudará a saber cómo se está implementando Scrum en otras compañías y en otros equipos. Las experiencias aquí recopiladas, fueron construidas gracias a la interacción con diversas personas, roles y empresas de diferentes sectores, que trabajan dentro del marco.

Todas estas experiencias podrán nutrir la tuya.

Introducción

Antes de iniciar directamente con el contenido principal, he realizado una pequeña introducción de algunos conceptos, y hablaré un poco sobre lo que he aprendido de cada uno de ellos.

Con esta ligera introducción, se busca dar un breve contexto y poner en perspectiva lo que se cuenta a continuación durante todo el libro.

Mi primer Sprint con Scrum está basado enteramente en *La guía de Scrum*, la cual fue escrita por los propios creadores del marco, y se encuentra disponible en internet totalmente gratis. Por lo anterior, quiero enfatizar que en *Mi primer Sprint con Scrum* no pretendo volver a hablarte sobre la teoría de este marco de trabajo, ya que se encuentra muy bien explicada en la guía oficial. La intención es contarte el marco a través de experiencias vividas, y así ofrecerte ideas concretas, y potenciales lineamientos, con ejemplos prácticos reales, que te orientarán en la implementación de la teoría en la vida real.

Comencemos...

¿Qué es ser ágil?

Ser ágil es pensar y hacer las cosas de la mejor manera posible. Ágil no es sinónimo de rapidez o de alta productividad. La rapidez y la alta productividad son el resultado de ser ágil.

Hacer nuestro trabajo de la mejor manera posible, y aprender de nuestras experiencias para así mejorar, conlleva inevitablemente a hacer el trabajo más rápido, con mejor calidad, ¿y por qué no? ser más productivos.

Factores importantes para ser ágil dentro del desarrollo de proyectos son:

- **Aprender y adaptarse:** Entender nuestros fracasos, aprender de ellos y realizar acciones para que no vuelvan a ocurrir.
- **Entregas frecuentes:** Evaluar junto al cliente los avances del proyecto. Revisar y evaluar el trabajo realizado cada dos semanas, máximo cada dos meses. Siempre prefiriendo el tiempo más corto.
- **Comunicación constante de todos los involucrados:** Se debe ser transparente y claro en la comunicación de la información. Es importante conocer y entender las siguientes interrogantes: ¿qué hacer?, ¿por qué hacerlo?, ¿cómo hacerlo?, ¿para quién hacerlo? La comunicación y el entendimiento común de lo que se espera de nosotros y el

producto, será clave para la satisfacción del cliente.

Estas tres premisas deben convertirse en una cualidad, y una condición intrínseca de nuestro pensar. Para ser ágil, no basta con hacer una serie de pasos que "prometen" llevarnos al éxito. Ser ágil, es mucho más que un hacer; ser ágil, es una manera de pensar, es reflexionar constantemente y de manera consiente, la forma de hacer las cosas de la mejor manera.

¿Ser o hacer ágil?

De nada sirve ser rápido cuando no sabes la razón de lo que haces, o si lo estás haciendo bien. Es como estar en una carrera de automóviles, tener él auto más veloz, pero ir en la dirección equivocada. Puedes incluso, tener un avión dentro de la misma carrera, pero si no vas hacia la meta, sino vas hacia la dirección correcta, ¿de qué sirve ser el más rápido si nunca ganarás? Ser ágil es más que ser rápido. Ser ágil, es saber hacia dónde vamos, corregir el camino si estamos extraviados, adaptarnos a cualquier imprevisto, e ir hacia la meta de la mejor manera.

Ahora imaginemos la siguiente situación: tú y tu equipo deben entregar un proyecto en tres meses, pero se han dado cuenta que el proyecto es un trabajo que tomará seis meses, con las herramientas y recursos actuales. ¿Cómo hacer el trabajo de seis meses en tres? Alguien propone trabajar el doble de horas o contratar más personas para reducir el tiempo a la mitad y terminar más rápido. Siendo sincero, suena lógico, quizá eso sirva. Pero... hay factores que deben evaluarse muy bien antes de poner en práctica cualquier propuesta. Debemos preguntarnos ¿Y la calidad del producto? ¿Alcanzaremos duplicando el trabajo y las personas, o algún cuello de botella nos detendrá en la mitad del camino? ¿Tenemos los recursos económicos, tecnológicos y logísticos necesarios (y disponibles) para las personas adicionales? ¿Cuáles serán los costos de estas decisiones? ¿Cuál será la calidad de vida y la motivación de las personas, al duplicar las horas de trabajo?

Si pensamos conscientemente en ser ágiles, y educamos nuestra mente para entender las situaciones desde este contexto, cuando se presenten imprevistos y ese tipo de cuestionamientos, buscaremos una solución al proceso (desde lo ágil) que nos ayude a hacer las cosas manteniendo el estado actual del proceso, e incluso mejorándolo. Ser ágil nos permitirá entregar en el tiempo esperado, o antes de lo estipulado. Las soluciones ágiles, reducirán costos, mejorarán la calidad del producto y ayudarán a mitigar riesgos.

A continuación quiero contarte dos anécdotas que me ocurrieron cuando empecé a incursionar en mi vida profesional. Desde muy temprano en mi carrera estuve muy interesado en el agilismo, y empezaba a leer sobre las metodologías, métodos y marcos que ayudan a gestionar proyectos de manera ágil.

Recién ingresaba a una nueva compañía como desarrollador software, y aunque en aquella compañía no se aplicaba ningún concepto ágil (o al menos no a conciencia), sí se tenía mucha disposición a mejorar y aprender. Soy Ingeniero en Sistemas Software, y recuerdo que tenía muy presente en mi cabeza el término "Soluciones Software". Desde ese momento siempre he querido encontrar la mejor forma de hacer las cosas, y durante esa época, y gracias a las personas con las que trabajaba, pude poner en práctica este término que daba tantas vueltas en mi cabeza.

Las anécdotas que se relatan a continuación, son situaciones que ocurrieron dentro del sector de las Tecnologías y la Información (TI). Las soluciones que se dan para los problemas planteados, son alrededor de esta industria, sin embargo, no quiere decir que el ser ágil, sea exclusivamente de este sector o de cualquier otro en específico. Ser ágil, es una forma de pensar, y se puede ser ágil en nuestra vida diaria tanto a nivel laboral (en cualquier sector y compañía), como a nivel personal.

Anécdota 1: Hacer el inventario del Stock

La empresa para la que trabajaba, se encargaba de comercializar medicamentos y dispositivos médicos en todo el país.

La compañía manejaba gran cantidad de Stock y de surtido, por lo cual cada mes se realizaba el inventario de las existencias, en todos los puntos de venta distribuidos alrededor del país.

Yo trabajaba en el departamento de sistemas donde se realizaba desarrollo y soporte del sistema de información "Aracnido". Y estaba encargado de realizar las mejoras de dicho software.

Cada fin de mes se debía realizar el inventario de los

medicamentos. Había alrededor de 60 puntos distribuidos a lo largo y ancho del país. El proceso de inventario era el siguiente: Cada punto de venta realizaba su propio conteo de existencias, y debía rellenar un archivo Excel, el cual identificaba cada medicamento por: un código, un nombre de medicamento y el conteo de existencias disponibles. Luego, cada sede debía enviar dicho archivo a nuestro departamento de sistemas, donde se debía ingresar, manualmente, la información a una base de datos centralizada.

	A	B	C	D	E
1	Código	Nombre	Número de existencias	Categoría	Mg
2	188050	Paracetamol	12	1	100
3	188051	Albendazol	16	1	100
4	22350	Ibuprofeno	50	1	100
5	456222	acetaminofén	22	1	80
6	180365	Omeprazol	30	1	100
7	22265	Amoxicilina	56	2	80
8	22336	Losartán	19	1	80
9	252589	Enalapril	14	3	80
10	181714	Fluoxetina	22	1	80

Imagen 1. Ejemplo archivo inventario (autoría propia)

Por esos días, no había mucho trabajo, y las asignaciones que tenía a mi cargo, ya estaban todas terminadas. Cuando comuniqué esta situación a mi jefe y líder, ellos me solicitaron ayuda con el proceso de inventario. Me explicaron el proceso, y la forma de ingresar la información en la base de datos. De esa manera, fui asignado como apoyo en las tareas del inventario, junto a otros dos compañeros.

Me llevé una gran sorpresa, cuando me enteré que la forma de ingresar el inventario, era una tarea casi manual. Se realizaban una serie de pasos repetitivos donde no había que pensar mucho, sólo seguir una serie de pasos, y ser cuidadosos al manipular los datos.

Pensaba constantemente, que el trabajo que estábamos realizando tres ingenieros, podría ser muy bien ejecutado por cualquier persona que supiera copiar y pegar texto. Además, a esas personas sólo tendrían que pagarle una tercera parte de nuestro sueldo. Era un evidente desperdicio de talento y dinero.

Aunque hacer el inventario era una tarea sencilla y repetitiva, tomaba bastante tiempo. Para cada archivo Excel, se debían modificar todas y cada una de las celdas. Se debía agregar una línea de código para darle instrucciones a la base de datos. Esta línea de código, se agregaba a cada celda, para luego realizar una inserción de la información en la base de datos central. Debido a que la tarea de adicionar una línea de código se realizaba, celda por celda, archivo por archivo, y de forma muy "artesanal"; la inversión de tiempo para esta actividad, era bastante significativa y poco confiable, con frecuencia se cometían errores.

A	B	C	D	E	F	G	H	I	J	K
	Código		Nombre		Número de existencias		Categoría		Mg	
insert into stock (cod, nom	188050	","	Paracetamol	","	12	","	1	","	100	")
insert into stock (cod, nom	188051	","	Albendazol	","	16	","	1	","	100	")
insert into stock (cod, nom	22350	","	Ibuprofeno	","	50	","	1	","	100	")
insert into stock (cod, nom	456222	","	acetaminofén	","	22	","	1	","	80	")
insert into stock (cod, nom	180365	","	Omeprazol	","	30	","	1	","	100	")
insert into stock (cod, nom	22265	","	Amoxicilina	","	56	","	2	","	80	")
insert into stock (cod, nom	22336	","	Losartán	","	19	","	1	","	80	")
insert into stock (cod, nom	252589	","	Enalapril	","	14	","	3	","	80	")
insert into stock (cod, nom	131714	","	Fluoxetina	","	22	","	1	","	80	")

Imagen 2. Ejemplo archivo modificado (autoría propia)

Las equivocaciones en el inventario, se cometían tanto por los encargados de hacer el conteo, como por nosotros, los encargados de modificar el archivo e ingresarlo en la base de datos.

Quizá los errores eran muy sutiles, pero esto multiplicado a la cantidad de archivos que habían, y multiplicado a cada una de las celdas que se debían modificar, cada error era tiempo importante que se había perdido.

Hacer todo el inventario tomaba hasta tres días o más, con tres personas trabajando en ello. Cuando se presentaban errores o cualquier otro tipo de contratiempos, podíamos demorar hasta cinco días.

Una de las grandes desventajas que se presentaban por la demora en el ingreso del inventario, era que el número de medicamentos que los puntos de venta registraban como disponibles, ya no eran el mismo número de unidades disponibles al momento de registrarlo en la base de datos. Es decir, mientras el tiempo pasaba, los puntos de venta seguían vendiendo, y si nosotros demorábamos demasiado revisando y modificando el archivo Excel, la información ya iba a estar desactualizada para el momento de su ingreso en la base de datos central.

En estas circunstancias, la data ya no era confiable. El proceso de inventario, era un trabajo tedioso, lleno de riesgos para el negocio, y desmotivante para los que trabajábamos en ello.

Luego de vivir esta situación y analizarla con un poco de detenimiento, quise proponer una posible solución, algo que no estaba seguro si podría construir, pero que si lo lograba, iba a mejorar completamente el proceso.

Hablé de nuevo con mi líder de equipo y con el director del departamento, les propuse realizar una *solución software* para automatizar el proceso de inventario.

La idea principal era: dejar de realizar manualmente el inventario, mejorar los tiempos de carga y mejorar la calidad de los datos.

Debí convencerlos de que, para desarrollar la automatización del proceso, yo debía parar de ayudar a mis compañeros, y empezar a construir la solución. Con suerte, eran personas dispuestas a explorar nuevas ideas y aprender de ello. Eran personas creyentes de las habilidades de su equipo, y valoraban la iniciativa de las personas. Sin titubear me dieron toda la confianza y autonomía para desarrollar la propuesta, así que, de inmediato me puse manos a la obra.

Al principio tuve un poco de temor, sentí cierta incertidumbre por mis propias habilidades, y a esto le sumaba la presión de haber dejado a mis compañeros trabajando solos, y la presión que me causaba, el haber recibido tanta confianza, casi sin condiciones, por parte de mi líder y director. Tenía un gran compromiso, y no quería faltarles. Me armé con valor y confianza, y me lancé con toda la actitud a desarrollar la *solución software*.

Durante el desarrollo tuve algunos inconvenientes técnicos, nunca había desarrollado algo igual, y mis conocimientos no parecían suficientes. No obstante, continuaba trabajando en ello.

Me di cuenta que, mientras más tiempo invertía en el desarrollo, mientras más me capacitaba y preguntaba a mis compañeros, me sentía más y más seguro de poder lograr mi objetivo.

Fueron horas intensas de análisis, diseño, construcción, auto-capacitación, y de pruebas. Durante todo ese tiempo, pensaba constantemente en cumplirle a mis compañeros y en agregar valor a la compañía.

Después de tres días, finalicé una primera versión del software, un mínimo producto viable (MVP, por sus siglas en inglés). Durante las pruebas todo funcionó muy bien, ahora debíamos probarlo en ambiente de producción. Era la prueba de oro, si esto funcionaba, iba a mejorar un proceso que venía haciéndose de forma manual desde hace varios años, e iba a eliminar todos los riesgos inherentes a la forma artesanal como se estaban haciendo las cosas.

Entonces, tomamos un archivo Excel real, de los que enviaban los puntos de venta. Cargamos el archivo desde el software que yo había realizado, esperamos a que terminara la carga, y al finalizar, la interfaz de usuario no mostró errores. Fue una felicidad parcial, por el momento todo parecía marchar muy bien. Sin embargo, aún no había terminado, faltaba revisar la base de datos, para validar que la información efectivamente había cargado, y adicional, verificar la calidad de la misma.

Mientras el líder del equipo revisaba, hacía bromas de lo que me podría pasar, si en algún caso, el software que desarrollé no funcionaba, y por el contrario, había ocasionado daños a la base de datos central. Después de algunos minutos de espera, ¡Funcionó! Estábamos muy contentos. Para estar completamente seguros del éxito, intentamos con otros archivos, y de esta manera, logramos ver como archivo por archivo, todo funcionaba según lo planeado.

El software había reducido el proceso de cargue de un archivo a tan sólo un par de minutos. Luego aparecieron algunas limitantes del software, que logramos convertir en oportunidad, y darle solución rápidamente.

Un problema por ejemplo, fue que algunos puntos de venta enviaban el archivo Excel con una configuración diferente a la mayoría, y el software no podía reconocer algunos de estos archivos, así que tuvimos que hacer uno estándar, para que todos los puntos manejaran la misma plantilla de inventario. Usamos este problema para mejorar el archivo Excel, y que fuera mucho más sencillo al momento de realizar el inventario para los puntos de venta.

Es así como el proceso que tomaba días, se redujo significativamente, a tan sólo un par de horas. Lo que tomaba cinco días, a tres personas trabajando al mismo tiempo, ahora sólo tomaba 3 horas, con tan sólo una persona trabajando. En la siguiente tabla se puede observar un resumen de las mejoras obtenidas:

MVP proceso Inventario Stock	
Antes	Después
5 días	3 horas (Ahorro del 92% del tiempo invertido)
3 personas (Ingenieros)	1 personas (No necesariamente ingeniero)
Conclusiones • Mayor confianza en el proceso • Mayor precisión en los datos • Más rápido • Mejor calidad en los resultados • Ahorro en costos • La productividad aumentó: Sin necesidad de exigir a las personas que trabajen con mayor rapidez, la mejora del proceso permitió que se dedicara más tiempo a otras actividades, que antes debían esperar mientras se realizaba el inventario.	

Tabla 1. MVP inventario (autoría propia)

Anécdota 2: Actualizador

No paso mucho tiempo después de la situación del proceso de inventario, y de nuevo surgió una cuestión un tanto similar.

La compañía estaba vinculando nuevo talento para que hiciera parte del departamento de sistemas. Las personas nuevas eran estudiantes de ingeniería o técnicos en informática, que se encargarían de apoyar las labores de soporte e información para los puntos de venta. El soporte era hacia el sistema de información llamado "Arácnido", y las labores incluían la asistencia en la

actualización de dicho sistema en todos los puntos de venta. La idea era contratar a seis personas adicionales además de las cuatro ya vinculadas.

Me enteré de la situación porque, aunque no realizábamos las mismas actividades, sí éramos parte del mismo departamento, y el trabajo de las personas de soporte, en cierta forma, dependía del mío (al menos en la tarea que suponía actualizar el sistema "Arácnido").

Yo era el encargado del desarrollo de las nuevas funcionalidades y mejoras de "Arácnido", sistema que se encontraba instalado en los aproximadamente 60 puntos de venta alrededor del país.

Para entender el porqué de plantearse las nuevas contrataciones, voy a explicar la situación que lo desencadenó: constantemente se realizaban actualizaciones "Arácnido". Las actualizaciones eran por mejoras del sistema, que la dirección de la compañía solicitaba, o porque algo en el negocio había cambiado, o alguna regulación del estado lo exigía. Así que, como yo era el encargado del desarrollo y actualización, me asignaron la tarea de implementar un nuevo cambio en el sistema. Dicho cambio, debía construirlo, y posteriormente entregarlo a mis compañeros de soporte, los cuales se encargarían de instalar las novedades en cada uno de los 60 puntos de venta.

La tarea de instalar las actualizaciones, ocupaba mucho tiempo de la jornada laboral. Eran tan sólo cuatro personas de soporte, instalando actualizaciones en los aproximadamente 60 puntos de venta alrededor del país.

El proceso de instalación duraba entre 20 y 30 minutos para cada punto de venta. El trabajo se distribuía entre las cuatro personas, por lo que a cada uno le asignaban un número de aproximadamente 15 puntos.

Se estaba pensando en la contratación de seis personas más, debido a que los actuales encargados de soporte e información, no estaban dando abasto a todo lo que debían hacer, cuando se presentaba una situación de actualización del sistema "Arácnido".

El proceso de instalación de las actualizaciones se

realizaba de la siguiente manera: se desarrollaban las actualizaciones. Estas actualizaciones eran modificaciones de archivos dentro software. Cada software tiene decenas, sino, cientos de archivos, y cada actualización, puede modificar varios de ellos a la vez. Es por esto, que se debía tener un registro de cada archivo que se había modificado, para luego pasar dichos archivos, a los encargados de instalar las actualizaciones.

Los técnicos encargados de la instalación, concretaban una reunión con cada uno de los puntos de venta. Luego, se conectaban remotamente por medio de TeamViewer (software informático, que permite conectarse remotamente a otro equipo), y de esta manera, tomaban el control de las computadoras de los puntos de venta, y transferían los archivos actualizados.

El proceso tenía varios riesgos:

- Empezando por el encargado del desarrollo de las novedades (en este caso, yo). Mi deber era, al mismo tiempo que modificaba los archivos de "Arácnido", llevar un registro de los archivos que había manipulado. Si no lo hacía correctamente, luego debía buscar entre cientos de archivos, cuales eran aquellos que había modificado. Siempre se corría el riesgo de enviar archivos que no eran los correctos, y debido a esto, las actualizaciones no funcionaban según lo esperado. Hubo ocasiones donde olvidaba por completo llevar este registro, fue algo que llegué a odiar. Pero con seguridad, más lo odiaban los puntos de venta cuando su sistema de información estaba dañado. También lo odiaban los técnicos encargados de las instalaciones, cuando los puntos de venta llamaban furiosos reclamando por los daños ocasionados al actualizar el sistema. Por último, lo sufría el negocio, porque si el sistema estaba dañado, no se podían realizar ventas durante el tiempo que tardábamos en solucionar los problemas ocasionados.

- Otro riesgo, era que al momento de instalar las actualizaciones, los técnicos posiblemente podrían borrar algún archivo importante, o podrían olvidar pasar un archivo que fuera necesario para la actualización del sistema, lo cual ocasionaba los mismos problemas que cuando yo olvidaba entregar todos los archivos que había modificado.

- También podía ocurrir, que después de actualizar el sistema, se presentaban problemas que no sabíamos el por qué estaban sucediendo, y para solucionarlos, debíamos volver a instalar todo el software, en cada uno de los puntos de venta afectados.

- Luego, Internet era otro problema, dependíamos de la velocidad y la estabilidad de Internet para la transferencia exitosa de los archivos. Dependiendo de esto, era más rápido o más lento el proceso de instalación. Cuando al fin era exitosa la transferencia, se reiniciaba el sistema para ese punto de venta, se hacía una pequeña prueba al nuevo software, y si todo estaba bien, se continuaba con el siguiente punto de venta (con el cual se debía vivir de nuevo toda la experiencia de actualización, incluyendo todos sus riesgos asociados).

- Había un riesgo adicional que estaba asociado al negocio, este riesgo se presentaba debido a la demora en instalación en cada punto de venta. Cada instalación tomaba entre 20 y 30 minutos. Luego, si sumamos esto para todos los puntos de venta y lo repartimos entre cuatro personas trabajando a la vez, la actualización total de todos los sistemas, duraba entre cinco y seis horas, a veces un poco más, según los riesgos y circunstancias que se pudieran presentar. Es así, como mientras cuatro puntos de venta contaban con la actualización del sistema a primera hora del día, había otros 56 seguían con la versión anterior del sistema, y se encontraban realizando todo tipo de transacciones, incluidas ventas. Cuando la actualización que se estaba instalando, no era en un módulo que manejara datos críticos (como las ventas o el inventario) el problema era leve. Pero si por el contrario, las actualizaciones se habían realizado en módulos críticos, tener puntos de venta con el sistema desactualizado por más de cinco horas, era una situación realmente grave para el negocio. Hubo ocasiones, donde después de dos días iniciado el proceso, aún había puntos sin la actualización del sistema. Para darle solución a este problema, se estaba proponiendo la contratación de más personal, de esta manera, al tener diez personas trabajando al mismo tiempo, a cada uno se le asignaría en promedio seis puntos de venta, y tardaría alrededor de dos horas y 30 minutos en realizar la actualización de todos sus puntos. Entonces, si no había demasiados percances, y las diez personas se concentraban exclusivamente en la instalación: la actualización de todos los puntos de venta estarían completas, en todo el país, a las diez de la mañana, tan sólo dos horas después de iniciar el proceso. Pero esto tenía su propio problema asociado, el resto de días que no se estaba actualizando el sistema, ¿cómo se iba a distribuir el trabajo para diez personas? ¿Eran necesarias tantas personas para las labores diarias de soporte? La verdad es que no, no eran necesarias tantas personas, no había tanto trabajo, y las cuatro personas que estaban, realizaban una excelente labor. Había días más laboriosos que otros, pero normalmente se cumplía con el acuerdo de nivel de servicio (SLA). El problema real, eran los días de actualización.

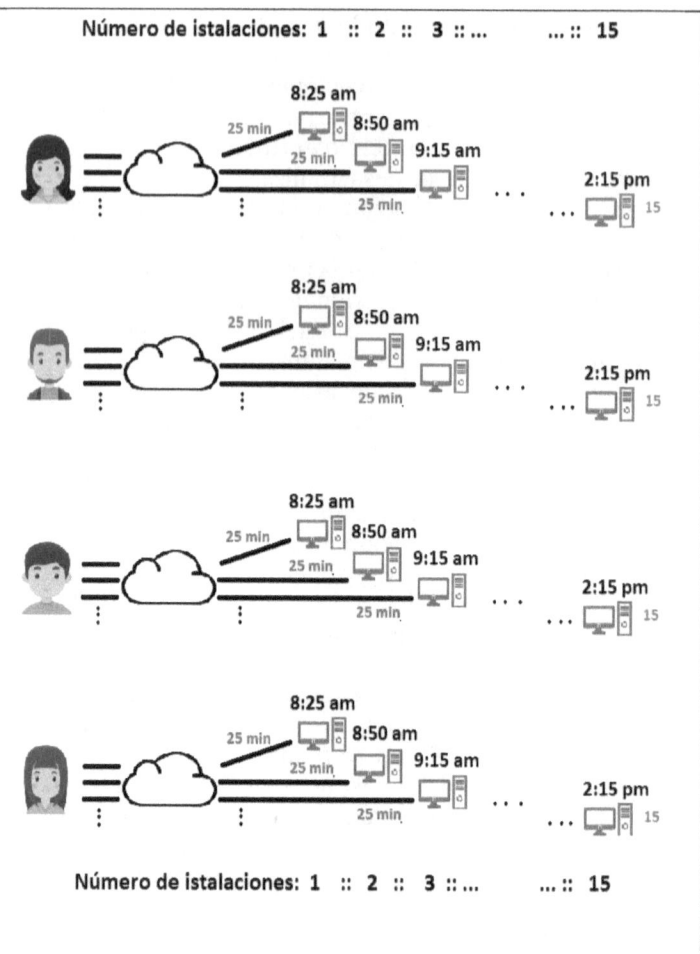

Figura 1. Proceso actualización (autoría propia)

Por mi parte, analicé la situación, y me pareció que era otro caso que podría ser mejorado por medio de un software que automatizara el proceso, e hiciera más sencilla y segura la actualización del sistema. Sabía que podía hablar con mi jefe y proponerle una mejora. Así que, sin dudarlo, me acerqué a su escritorio y le dije que yo podría construir una nueva funcionalidad al sistema. Esta funcionalidad, iba a permitirle a "Arácnido", actualizarse a sí mismo, casi sin intervención humana. El nuevo software sólo tendría que detectar si había una actualización, y el mismo sistema, haría todas las labores de manera automática.

Mi jefe aceptó la propuesta, y de inmediato me dispuse a crear la solución.

Mientras analizaba y diseñaba la nueva funcionalidad, me encontraba con más y más retos. Nuevamente sentí incertidumbre y zozobra, por encontrarme con un desafío aún más grande que el anterior, mucho más complejo que el cargue del inventario.

Mientras diseñaba algunas posibles soluciones, especulaba sobre cómo lo hacían empresas grandes como Google o Microsoft. Estaba seguro, que era algo que habían hecho otros, y que si eras así, yo también podría hacerlo; tal vez no al mismo nivel, pero al menos, podría crear una primera versión que fuera usable, un prototipo funcional que cumpliera su función.

Pensar en hacer al menos una versión inicial, y que esta agregara valor al proceso, me mantenía motivado.

También sabía, que contaba con el talento y apoyo de mis compañeros para aclarar cualquier duda y alcanzar la meta. Analicé varias posibilidades, investigué y pregunté mucho. Antes de iniciar la construcción del software, expuse el diseño a mis compañeros de trabajo. La retroalimentación que recibí fue alentadora y valiosa. Así que tomé sus consideraciones muy en cuenta, y agregué al diseño sus recomendaciones.

Luego de casi cuatro días de desarrollo, tuve un prototipo totalmente funcional. Teníamos un MVP.

La nueva funcionalidad era una *solución software* incrustada dentro del mismo sistema "Arácnido".

Probamos el actualizador en un ambiente controlado. Todo funcionó muy bien, así que el siguiente paso, era instalar la solución en los puntos de venta reales. Para desplegar en producción, primero teníamos que instalar la actualización en cada uno de los puntos de venta de manera manual, al igual que cualquier otra actualización que se había hecho previamente (justamente, usando el proceso antiguo, que estábamos a punto de abandonar). Después de instalar la nueva funcionalidad, y si todo funcionaba bien, el presente proceso de actualización iba a ser el último que se realizaría de forma manual.

Antes de probarlo en todos los puntos de venta, primero lo íbamos a ensayar en tan sólo uno de ellos. Este punto de venta, nos serviría como chivo expiatorio, para hallar y corregir cualquier posible error.

Se esperaba que el actualizador funcionara de la siguiente manera: Cada vez que se ejecutaba "Arácnido", el actualizador se encargaba de revisar si había una nueva versión del sistema. Para saber esto, el sistema revisaba un archivo en la nube, que contenía información de la versión actual de "Arácnido", y el listado de los archivos que se debían actualizar. El sistema comparaba la versión actualmente instalada versus la versión que se indicaba en el archivo que estaba en la nube. Si la versión actual era menor, el actualizador iniciaba la descarga de los nuevos archivos, los instalaba él mismo, y al finalizar reiniciaba el sistema.

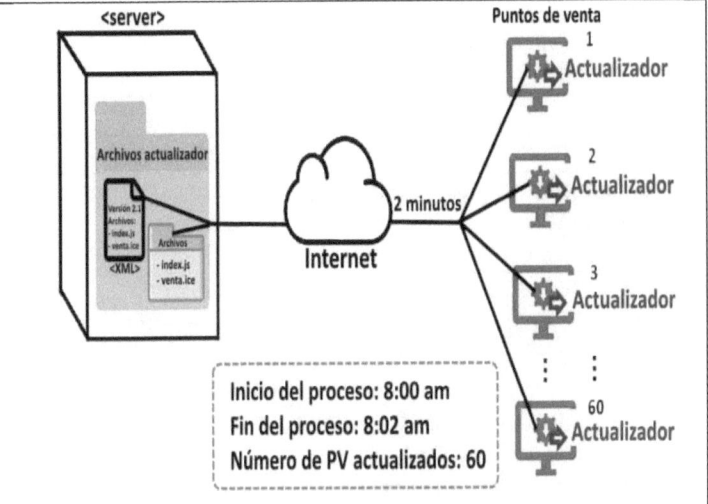

Figura 2. Actualizador (autoría propia)

Para mantener informado al usuario de lo que estaba realizando el actualizador, se creó una interfaz gráfica, que mostraba en tiempo real el avance del proceso.

La interfaz mostraba en pantalla la lista de los archivos que se iban actualizando, y un mensaje que decía algo parecido a: "El sistema se está actualizando, por favor espere unos minutos...". Mis compañeros decían que era como ver una película. Decían, que era casi como estar viendo la pantalla de la película Matrix.

Al final, la prueba fue todo un éxito. La actualización demoraba sólo un par de minutos, y cuando estuviera instalado en todos los puntos de venta, todos tendrían actualizado el sistema desde la primera hora del día. Y así, todos estarían sincronizados desde la primera venta.

Replicamos la novedad en todos los puntos de venta, y se logró la mejora del proceso.

Me sentí muy orgulloso y agradecido con todos, por

haber creído en mí y por apoyarme en todo el proceso de diseño del software.

MVP Actualizador	
Antes	Después
10 personas (técnicos, tecnólogos, ingenieros)/ 60 puntos de venta	0 personas/60 puntos de venta
<ul><li>20 – 30 minutos/ 1 actualización</li><li>Aproximadamente 2 horas y media (mínimo) para actualizar 60 puntos con 10 personas trabajando a la vez</li></ul>	2 minutos/ 60 actualizaciones automáticas (sin personas intercediendo)
Conclusiones <ul><li>No se tuvo que contratar a más personal</li><li>Mayor confianza en el proceso</li><li>Sin errores humanos</li><li>Más rápido y efectivo</li><li>Mejor calidad en los resultados</li><li>Ahorro en costos</li><li>Todos los puntos actualizados desde la primera vez que se usaba el sistema</li><li>La productividad aumentó: Sin necesidad de exigir a las personas que trabajen con mayor rapidez, la mejora del proceso permitió que se dedicara más tiempo a otras actividades que antes debían esperar mientras se realizaba el inventario.</li></ul>	

Tabla 2. MVP Actualizador (autoría propia)

Conclusiones

Las mejoras no tienen que ser necesariamente un software. Podemos encontrar mejoras en todo tipo de operaciones o estándares, pueden presentarse a cualquier nivel de los procesos, y pueden ser de todo tipo.

¿Qué es Scrum?

Scrum es un marco de trabajo para el desarrollo ágil de proyectos. En Scrum, el trabajo es denominado como iterativo incremental, donde las entregas de los avances de los proyectos son: graduales, continuas y a corto plazo.

Al implementar Scrum, los proyectos podrán ser desarrollados de forma ágil, gracias a las entregas a corto plazo, las cuales permiten tener una retroalimentación oportuna: tanto de los interesados (Stakeholders), como del equipo mismo.

La reflexión del equipo y la opinión de los Stakeholders, permitirán al equipo adaptarse más rápidamente, y con mayor facilidad, a los cambios que pueda tener el proyecto. Adicionalmente, se podrán realizar planes de mejora, gracias al análisis de la información obtenida.

"Scrum es:

- *Ligero*
- *Fácil de entender*
- *Extremadamente difícil de dominar"*

- Guia de Scrum

Scrum, es un proceso donde la toma de decisiones se basa en lo que se conoce.

Puedes iniciar en cualquier momento con la implementación de Scrum, pero sólo la práctica te hará cada vez más sabio dentro del marco. Con el tiempo y la experiencia, aprenderás a tomar las mejores decisiones, para lograr el éxito en tus proyectos.

El marco Scrum, tal como lo vemos en la *tabla 3*, se constituye de un conjunto de **roles** y **artefactos**, que interactúan dentro de una serie de **eventos,** y son soportados por tres **pilares**.

Equipo Scrum (Roles)	Artefactos
• El Dueño del Producto (Product Owner) • El Equipo de Desarrollo • El Scrum Master	• Lista del Producto (Product Backlog) • Lista de Pendientes (Sprint Backlog) • Incremento
Pilares	**Eventos**
• Transparencia • Inspección • Adaptación	• El Sprint • Reunión de planificación del Sprint (Sprint Planning Meeting) • Scrum Diario (Daily Scrum) • Revisión del Sprint (Sprint Review) • Retrospectiva de Sprint (Sprint Retrospective)

Tabla 3. Marco Scrum (autoría propia)

A continuación, se hará una breve introducción de los *roles, artefactos y pilares* del marco.

Para el caso de los *eventos*, se iniciará con la explicación del primero ellos, el Sprint (véase la *tabla 3*).

Luego, iniciando desde el *capítulo uno*, se explicarán los eventos restantes, dedicando un capítulo independiente para cada uno:

El Sprint

Es un bloque de tiempo donde se crea un incremento del producto "terminado", y potencialmente usable. Dicho en otras palabras, el Sprint puede catalogarse como un "micro-proyecto", el cual tiene un inicio y un fin, cuyo intervalo de tiempo no excede cuatro semanas, y cuyo entregable genera valor al negocio.

Cada proyecto, según su complejidad, puede contener de uno a varios Sprint.

Las características de un Sprint son:

- Cada Sprint puede considerarse como un proyecto con un horizonte no mayor a un mes. El bloque de tiempo para un Sprint es de 2 a 4 semanas.
- Cada Sprint tiene una meta y una definición de lo que se va a construir.

- Debido a que cada sprint tiene un objetivo en específico, no se harán cambios que puedan afectar éste objetivo en particular.
- Cada Sprint comienza inmediatamente después del Sprint anterior.
- Los Sprint contienen y consisten en: La Planificación del Sprint (*Sprint Planning*), los Scrum Diarios (*Daily Scrums*), el trabajo de desarrollo, la Revisión del Sprint (*Sprint Review*), y la Retrospectiva del Sprint (*Sprint Retrospective*).

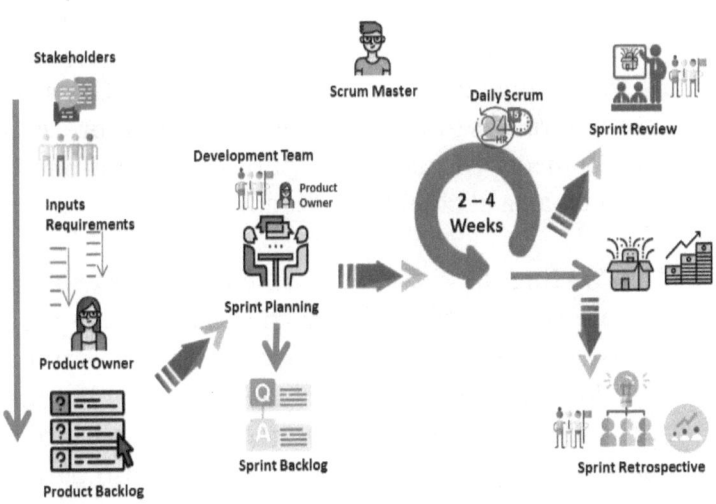

Figura 3. Proceso de un Sprint dentro del marco Scrum (autoría propia)

¿Por qué máximo un mes para un sprint? Cuando se tiene un Sprint de más de un mes, la definición de lo que se está construyendo podría cambiar, la complejidad podría elevarse, y por ende, los riesgos aumentan. Tener un Sprint mayor a cuatro semanas, puede afectar la *Meta del Sprint* y amenazar el éxito del proyecto. La importancia de hacer entregas a máximo un mes (denominadas: entregas continuas) es poder tener una retroalimentación oportuna, y constante. De esta manera, podremos verificar, si las labores que se están realizando son las adecuadas, y validar, que el producto que se está construyendo, sea el correcto.

Al realizar entregas continuas, podremos identificar oportunamente cualquier desvío que el proyecto pueda estar experimentando. Gracias a esto, podremos tomar acciones sobre los imprevistos, y adaptarnos con facilidad, para retornar a nuestro camino hacia el objetivo deseado.

NOTA: Intenta ser constante con la duración del Sprint. Intenta tener la misma medida del Sprint todas las veces que puedas. Ser constantes permitirá que las ceremonias, y demás fechas relevantes, sean más fáciles de recordar y gestionar para todos (para el Equipo Scrum, la empresa e incluso para los clientes externos).

- **Meta del Sprint (Sprint Goal)**

Para elegir una meta, debemos saber lo que se desea tener al final del próximo Sprint. Para ello, la pregunta que hacemos habitualmente es: ¿Qué queremos hacer, o qué debemos hacer para el siguiente incremento del producto? Una *Meta del Sprint* puede ser: "Construir el acceso y la seguridad de la plataforma, tanto para usuarios independientes, como para las instituciones" o "regularizar el control del sistema de ventas, para la sucursal norte".

La Meta del Sprint se define cada vez que inicias un nuevo Sprint. Es la idea general, o principal, de lo que se va a construir en las próximas semanas.

Tener una meta, nos guía dentro de la planificación, para seleccionar las tareas que deben ser desarrolladas, y lo que se espera del producto a nivel funcional en la siguiente iteración.

Definir una meta, es importante para el éxito del Sprint, ya que, el entendimiento común de los objetivos, es clave para el enfoque del equipo.

De esta manera, se podrá saber con certeza, lo que se espera del producto.

El **Product Owner,** con ayuda de los StakeHolders, se encarga de definir la Meta del Sprint. En ocasiones, el **Equipo de Desarrollo** también puede ayudar a definir la meta.

Pilares

Transparencia

Este pilar, se refiere a la claridad con que se presenta la información, y el entendimiento común de la misma.

Para ser *transparentes*, se debe tener visualización, e información completa y concisa, de los aspectos más significativos del proceso. De esta manera, se busca que todos los integrantes del equipo, y los interesados, tengan un mismo entendimiento del producto y el proceso.

Inspección

El Equipo Scrum, examina constantemente el proceso, para detectar cualquier posible desvío del objetivo. La inspección, no debe ser tan frecuente como para interferir con el trabajo.

Adaptación

Cuando se descubre un posible desvío, y este, no permitirá tener un resultado aceptable del producto; se deben tomar medidas para evitar dichas desviaciones, adaptándonos rápidamente, y así, sortear cualquier inconveniente.

Los siguientes eventos, están dispuestos formalmente por Scrum, para realizar inspección y adaptación:

- Reunión de planificación del Sprint (Sprint Planning Meeting)
- Scrum Diario (Daily Scrum)
- Revisión del Sprint (Sprint Review)
- Retrospectiva de Sprint (Sprint Retrospective)

Artefactos

Lista del Producto (Product Backlog)

La lista del producto (o pila del producto) es toda la información que se ha recolectado sobre el proyecto. Es un listado de requisitos (solicitudes, o peticiones) que describen lo que debe tener el producto final.

La lista del producto, debe ser entendida, gestionada y priorizada por el **Product Owner**. El Product Owner se reúne con los StakeHolders, recopila todas las solicitudes, y requisitos, en una *lista del producto*. Luego, debe evaluar la importancia que tiene cada solicitud para el negocio.

Para **priorizar**, el Product Owner debe entender la importancia, y beneficio, que otorga cada solicitud, al negocio. Un criterio por excelencia en la priorización, es valorar el retorno de inversión (ROI).

El ROI, es la rentabilidad que puede generar una funcionalidad, al ser desarrollada e implementada; de esta manera, el Product Owner podrá ordenar, y priorizar, los requisitos que han demandado los StakeHolders.

Lista del producto *orgánica*: *La Lista del Producto* está en constante cambio, generalmente, es una lista que no está terminada.

El cambio constante en la Lista del Producto, puede deberse a algunas de las siguientes razones:

- La creación de nuevas leyes y regulaciones, la inflación, tendencias demográficas, competencia, el cambio climático, evolución del negocio y su entorno, el cambio en las necesidades del cliente, entre otras. Estas situaciones pueden cambiar incluso la estrategia de la empresa, lo cual se traducirá inevitablemente, en la modificación de la Lista del Producto.
- Frecuentemente, hay requisitos que tienen descripciones muy generales, o poco

concretas. Es por esto, que conforme aclaramos, y refinamos cada requisito, las descripciones cambiarán, o incluso, desaparecerán.

- En otros casos, hay requisitos que son recordatorios de posibles funcionalidades, que se quieren implementar en el futuro. Estos requisitos pueden ser simplemente ideas que jamás se lleguen a implementar, o por el contrario, puede incluso que lleguen a ser necesarias para el negocio.

En cualquiera de las situaciones anteriores: los cambios y novedades, podrán alargar, o acotar el alcance del proyecto.

La Lista del Producto es un "objeto viviente": dependiendo de las circunstancias (el entorno y la evolución del negocio), la Lista del Producto crecerá o disminuirá con el tiempo.

Dentro de Scrum, el constante cambio de la Lista del Producto está permitido; hay que ser flexibles en estos casos, ya que como dijimos antes, es inevitable que algunas características del producto se modifiquen, e incluso desaparezcan.

La inspección y la adaptación oportuna, juegan un papel muy importante en estas situaciones. Que la Lista del Producto sea orgánica, nos exige actuar rápido, y posiblemente, tendremos que hacer un replanteamiento de prioridades.

Que la lista del producto sea orgánica, es la razón para que el Sprint no sea mayor a cuatro semanas, de lo contrario, podríamos encontrarnos en graves apuros en medio del Sprint, y del proyecto en general.

- **Lista del producto visible**

Como lo sugiere el pilar de la **Transparecia**, la visibilidad de la *Lista del Producto* es una de las formas de estandarizar, y lograr un entendimiento común de la información.

Algunas características a tener en cuenta para la *Lista del Producto visible* son:

- La Lista del Producto debe estar siempre disponible para la visualización de los Stakeholders, y de los miembros del equipo Scrum.
- La alta disponibilidad de la Lista del Producto, y su clara redacción, cumple con el pilar de la **Transparencia**.
- Tener clara la Lista del Producto, es tener clara la definición del producto per sé.

- Saber con precisión lo que se está desarrollando, nos dará una visión más certera de lo que se espera del producto.
- La claridad y disponibilidad de la lista del producto, no son negociables.

Para su visualización, la Lista del Producto puede estar disponible en una Intranet, o usar una herramienta en Internet donde todos puedan acceder, y ver la lista cuando así lo quieran. También puede estar impresa, o escrita. Y expuesta en un tablero cerca al espacio del equipo de trabajo.

Algunas herramientas software que te pueden ayudar a gestionar la lista del producto son: Trello, VSTS, Jira, Excel, entre otras.

Por mi parte he usado Trello, VSTS y Jira.

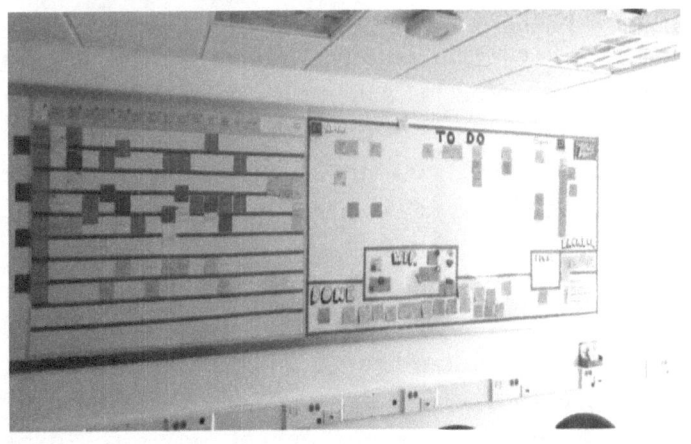

Imagen 3. Lista del producto visible y tablero de tareas en curso

Hacer que la *Lista del Producto* sea visible para todos, permitirá al equipo tener información relevante del proyecto, y tener un entendimiento común, del producto que se está desarrollando.

- **Historias de usuario ("User Stories")**

Las *Historias de Usuario* son **requisitos** del producto redactados en lenguaje común del usuario. Son descripciones cortas de una funcionalidad, que se desea tener dentro del producto final.

Hay diversas formas de gestionar las solicitudes de los Stakeholders, por ejemplo: Casos de uso, historias de usuario, guiones y tablas funcionales. No obstante, escribir las solicitudes como historias de usuario (HU), nos trae ventajas en diferentes aspectos como: comunicación, entendimiento, creación, análisis y seguimiento de las mismas.

Generalmente tienen la siguiente estructura:

- Código: Identificador único de la historia de usuario.
- Prioridad: Orden en el que se debe desarrollar la historia de usuario. Las prioridades pueden cambiar según vamos

entendiendo más y más el negocio. La prioridad es responsabilidad del Product Owner.

- Rol: Es el rol del usuario que va a usar la funcionalidad. Es importante tener el rol muy bien definido para entender las características del usuario para el cual se va a desarrollar la funcionalidad; p. ej. *"Como usuario del software", "como administrador del sistema", "como encargado de la logística", "como cajero".*
- Quiero: Es la característica o funcionalidad del sistema que se desea o se necesita tener dentro del producto final y que el rol va a usar; p. ej. *"Quiero ver el historial de ventas"*
- Razón/ Resultado (Para): Lo que el rol espera luego de ejecutar la acción; p. ej. "Para evaluar viabilidad de las ventas en algunas ciudades".
- Criterios de aceptación: Son condiciones que la historia debe satisfacer, en razón del producto, para que sea aceptada por el usuario. En éste espacio se describe el comportamiento esperado de la funcionalidad.

Dentro de mi experiencia, lo usamos para listar las validaciones que se deben tener en cuenta: aquí definimos, como se pretende probar y usar la funcionalidad, de esta forma, el equipo desarrollador está orientado a construir, lo que realmente se espera de dicha funcionalidad.

Si así lo quieres, puedes tener tu propia estructura para escribir las historias de usuario. Lo importante, es que sean redactadas en lenguaje común, y en términos del negocio.

A continuación se presenta una tabla con algunos ejemplos de historias de usuario:

Cód.	Prio.	Rol (Como)	Quiero	Para	Criterios de aceptación
HU 1	3	Como director del departamento de ventas	Quiero consultar las ventas del último año	Para poder definir los horarios y ciudades donde hay más flujo de compradores	1. Se debe poder seleccionar rango de fechas 2. No se permiten números negativos 3. Fecha máxima: día actual 4. Fecha mínima: 1 enero 1940
HU 2	1	Como Jefe de bodega	Quiero poder establecer alarmas	Para saber cuándo debo enviar determinado producto	1. Las horas deben ser en formato 24 horas 2. No se pueden ingresar números negativos 3. Excluir domingos y festivos
HU 3	2	Como cliente	Quiero consultar mi historial de pagos	Para saber cuánto y cuándo he pagado al banco	1. La consulta permitirá ingresar rango de fechas 2. No se debe permitir ingresar un rango de fechas mayor a 6 meses

Tabla 4. Historias de usuario (autoría propia)

Lista de Pendientes del Sprint (Sprint Backlog)

La Lista de Pendientes del Sprint, es el conjunto de requisitos, o historias de usuario seleccionadas desde la Lista del Producto (Product Backlog), para ser trabajados durante las próximas semanas (ver figura 4). Por un lado, la Lista del Producto, es la lista de requisitos de todo el proyecto, mientras que, la *Lista de Pendientes del Sprint*, es la lista de aquellos requisitos que serán desarrollados en el siguiente Sprint.

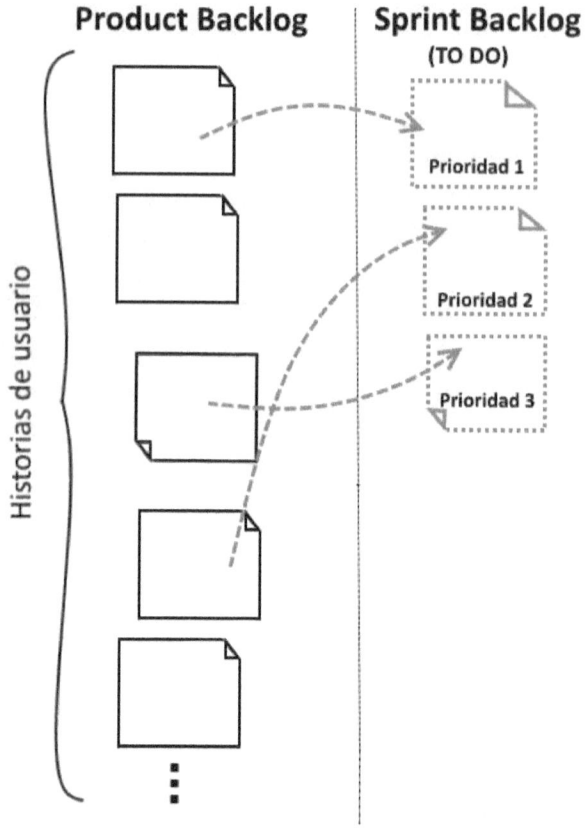

Figura 4. Lista de Pendientes del Sprint (autoría propia)

La lista de pendientes del Sprint, es el resultado obtenido del Sprint Planning (*ver capítulo 1. Mi primer Sprint Planning*).

NOTA: Para escoger el trabajo que se va a realizar, es muy importante la priorización de las historias, y la presencia del Equipo de Desarrollo, y del Product Owner.

Incremento

Es el conjunto de funcionalidades terminadas en un Sprint, y que son potencialmente entregables al cliente para su uso.

Durante el tiempo que dure el Sprint, se debe construir una parte del producto que sea usable y le agregue valor al negocio, a esto se le llama: incremento del producto.

Equipo Scrum (Roles)

El Dueño del Producto (Product Owner)

- Es una persona que sabe del negocio.
- Es el encargado de interpretar, traducir, aclarar y llevar las solicitudes realizadas por los Stakeholder hacia el Equipo de Desarrollo.
- A través de la priorización efectiva de las historias de usuario, se concentra en el producto, y en maximizar el valor de cada entrega.

- Es el único responsable de la priorización. Se asegura que el Equipo de Desarrollo entienda el trabajo que se debe realizar.
- Se encarga de que la Lista del Producto sea visible, clara y entendida por todos.

El Equipo de Desarrollo

El equipo de desarrollo se encarga de la construcción del incremento del producto.

Debe ser un equipo auto-organizado, cross-funcional, experimentado, muy bien capacitado y comprometido con la calidad funcional y técnica del producto.

Scrum no reconoce títulos para los miembros del Equipo de desarrollo, independientemente del trabajo que realice la persona. Tampoco debe haber sub-equipos dentro del Equipo de Desarrollo, independientemente de los dominios que deban abordarse como; pruebas, arquitectura, operaciones o análisis del negocio.

El tamaño del equipo de desarrollo debe ser suficientemente pequeño como para ser ágil, y lo suficientemente grande para poder construir, dentro de un Sprint, un incremento del producto significativo.

El tamaño del equipo debe ser de 6+-3, es decir, entre tres integrantes, como mínimo (para seguir siendo cross-funcional), y hasta un máximo de nueve (para seguir siendo ágil). Menos de tres personas tendrán problemas para desarrollar un incremento de producto significativo, y más de nueve requiere demasiada coordinación.

NOTA: En adelante hablaremos sobre el Equipo de Desarrollo o los desarrolladores, entiéndase por favor a este concepto, como un grupo de personas que están construyendo el producto (cualquiera que sea), y no exclusivamente, como alguien que está construyendo algún tipo de software.

El Scrum Master

Es una persona que se siente inspirada y motivada ayudando a los demás. Es un líder al servicio del equipo. Se concentra en las personas y el proceso.

- Se encarga de llevar al equipo y la compañía a la adopción y entendimiento adecuado del marco.
- Guía al equipo y la compañía hacia el agilismo.
- Facilita y orienta los eventos dentro de Scrum.

Para maximizar el valor generado:

- Ayuda al Product Owner a encontrar las mejores técnicas para la priorización y gestión efectiva del Product Backlog.
- Ayuda en la solución de impedimentos.
- Ayuda al Equipo de Desarrollo a ser auto-organizado.

Eventos

Como dije antes, los eventos se explicarán uno a uno, y de manera independiente, en los siguientes capítulos.

La idea principal, es relatar cómo se interrelacionan los conceptos del marco (*ver tabla 3*), a través de cada uno de estos eventos.

Se busca describir: "cuándo" y "cómo" interfieren cada uno de los conceptos de Scrum, y en lo posible, explicar la función de cada uno, y su valor dentro del marco.

Hemos terminado la introducción...

Ahora vamos a abordar el libro de manera que puedas ir implementando Scrum cada vez que termines un capítulo.

Espero sea de tu utilidad.

Capítulo uno

Mi primer Sprint Planning

La ceremonia de Planificación del Sprint (Sprint Planning), tiene lugar justo antes de empezar la ejecución del Sprint. En la planificación se escogen las historias de usuario que van desarrollarse en las siguientes semanas, y se define la estimación de dichas historias. En la ceremonia deben participar todos los integrantes del Equipo Scrum (Scrum Master, Product Owner, Equipo de Desarrollo).

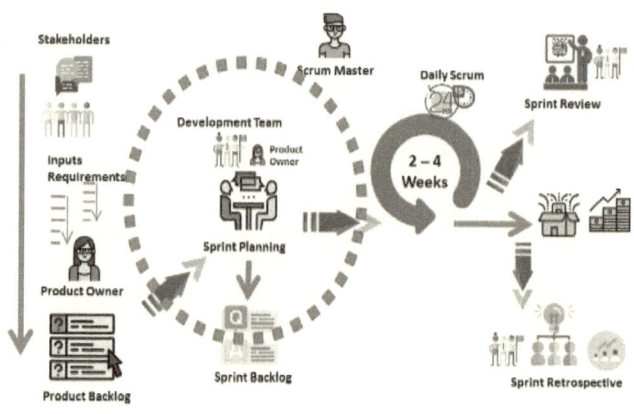

Figura 5. Sprint Planning (autoría propia)

La Planificación del Sprint, dura 8 horas para un Sprint de un mes. Cuando un Sprint es más corto, la planificación dura proporcionalmente menos (ver figura 6).

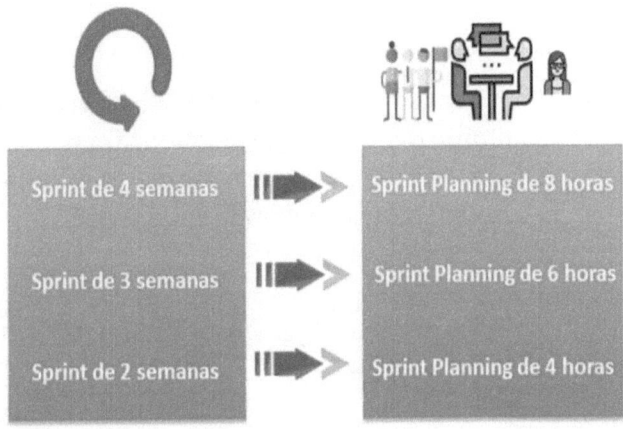

Figura 6. Time-Box Sprint Planning Meeting (autoría propia)

Objetivo del Sprint Planning

El Sprint Planning tiene como objetivo: definir las historias de usuario que van a ser desarrolladas en las siguientes semanas (Sprint de 2 a 4 semanas), y definir el cómo haremos dicho desarrollo.

Para ello, se escogen historias de la Lista del Producto (Product Backlog), las cuales han sido priorizadas con anterioridad, y cuya funcionalidad genera valor al negocio, y son potencialmente entregables al cliente para su implementación.

Así pues, para lograr el objetivo del Sprint Planning, se deben resolver dos cuestiones durante la ceremonia. La Guía de Scrum expone textualmente las siguientes preguntas:

1. ¿Qué puede entregarse en el Incremento resultante del Sprint que comienza?
2. ¿Cómo se conseguirá hacer el trabajo necesario para entregar el Incremento?

Básicamente, se busca responder a los interrogantes: ¿Qué se desea hacer? y ¿Cómo lo haremos?

En mi experiencia con los equipos: preferimos redactar nuestras propias preguntas (basándonos rigurosamente en la Guía de Scrum). Simplemente modificamos la forma de escribir dichas preguntas, para que sean más acordes al lenguaje usado en nuestros equipos. Tú, puedes diseñar tus propias preguntas, también puedes trabajar sobre las de la guía, o trabajar con las preguntas que aquí exponemos; de cualquier manera, recuerda seguir estrechamente la línea que plantea el marco:

En nuestros equipos: para cumplir la meta del Sprint...

1. ¿Qué trabajo puede realizarse en las siguientes semanas?

2. ¿Cómo lograremos alcanzarlo de la mejor manera y colectivamente?

Al terminar el Sprint Planning, se tendrá una Lista priorizada con las historias que se espera realizar. La lista resultante se denomina: *Lista de pendientes del Sprint* (Sprint Backlog), como se puede ver en la siguiente figura:

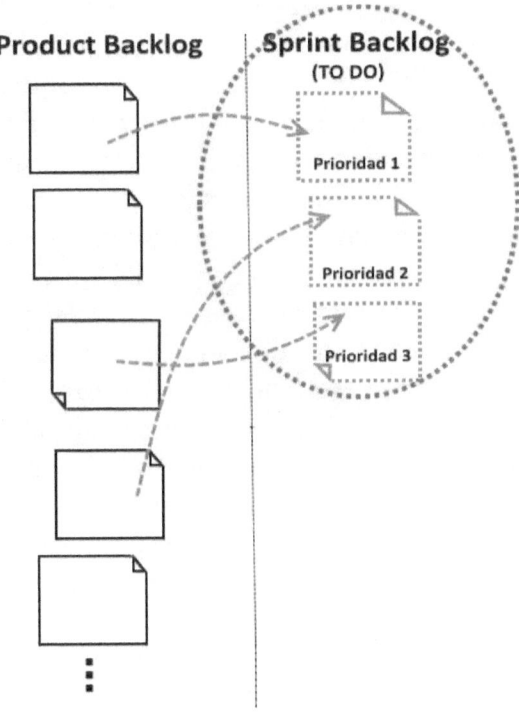

Figura 7. Sprint Backlog (autoría propia)

Responsabilidades dentro del Sprint Planning

El **Product Owner** es quien agrega las historias de usuario a la Lista del Producto, y es quien prioriza las historias dentro de la lista. También es quien propone la Meta del Sprint (Sprint Goal).

Aunque el Product Owner tiene comunicación directa con los StakeHolders, y es su trabajo entender qué le conviene más al negocio, para así desarrollarlo a continuación. Es el **Equipo de Desarrollo** quién define, qué es capaz de lograr para el Sprint que comienza; es decir, el Equipo de Desarrollo, es quien realmente define, qué trabajo se puede realizar en las siguientes semanas, y cuál es la estimación de cada historia dentro del Sprint.

El Product Owner entrega la Lista del producto priorizada, o al menos aquellas historias que concuerdan con la Meta del Sprint. Luego, el Equipo de Desarrollo es quien decide el trabajo al cual se puede comprometer. Por último, se debe llegar a un acuerdo de prioridades y compromisos, y se genera la *Lista de pendientes del Sprint* (Sprint Backlog).

Imagen 4. Lista de pendientes del Sprint

Algunas características adicionales de los roles dentro del Sprint Planning

- El **Product Owner** asigna la prioridad de las historias de usuario. Debe estar siempre en el Sprint Planning para que ayude al Equipo de Desarrollo a entender cada historia y su prioridad. Si en el Sprint Planning se presentan dudas, el Product Owner debe ayudar a despejar todas las inquietudes.
- El **Scrum Master** se asegura que el evento se lleve a cabo, así como también, que todos los integrantes entiendan el propósito de la reunión, y de enseñar al equipo a mantenerse dentro del bloque de tiempo (Time-Box).
- El **Equipo de Desarrollo** es el único responsable de definir el trabajo que es capaz de hacer en el siguiente Sprint y de la estimación de las historias de usuario.

Reduciendo incertidumbre

Si hay dudas sobre las historias de usuario, o sobre cuestiones técnicas, el Sprint Planning es el espacio ideal para discutirlo. Es el mejor momento para resolver todas las inquietudes, antes de iniciar la ejecución del Sprint.

Las preguntas son más frecuentes por parte del Equipo de Desarrollo hacia el Product Owner, pero también, hay casos donde las dudas surgen y se discuten entre los mismos integrantes del Equipo de Desarrollo. Las interrogantes van, desde cuestiones funcionales y descriptivas, hasta cuestiones técnicas de cada historia de usuario, y del producto en general.

En otras situaciones, el Product Owner tendrá sus propias dudas sobre lo que el Equipo de Desarrollo está discutiendo, y hará preguntas que deben ser respondidas; de esta manera, el Product Owner se dará cuenta de la perspectiva del Equipo de Desarrollo, y la forma en que están abordando cada escenario. Comunicarse y resolver las dudas del Product Owner, permitirá corregir de manera oportuna, cualquier mal entendido, y así, se podrá mejorar el entendimiento del producto.

En mi experiencia, he presenciado situaciones donde el Product Owner, al realizar preguntas, se da cuenta que alguna funcionalidad no se ha entendido correctamente, o que tal vez, cierta funcionalidad sería mejor de una manera distinta. Son discusiones y conversaciones que deben tener lugar, y deben realizarse con la mente abierta. Se debe pensar en el bienestar del equipo y del producto.

Es muy importante realizar preguntas, y discutir cualquier inquietud. Una incertidumbre alta en la estimación de cualquier historia, podría generar problemas para lograr el éxito del Sprint, e incluso del proyecto a largo plazo. Cuanto más se conozca del producto, y sus funcionalidades, el equipo será más certero en el análisis, la estimación y el desarrollo.

El Product Owner estará acompañando al Equipo de Desarrollo para resolver dudas sobre la Lista del Producto, y las prioridades, pero no siempre tendrá todas las respuestas, así que no nos debemos limitar, sólo a las personas que están dentro de la habitación. El Product Owner puede llamar a los Stakeholders, para preguntar por dudas a nivel funcional, mientras el resto del equipo, puede estar gestionando asuntos técnicos o de cualquier otra índole.

El Sprint Planning se trata de planear lo mejor posible, para mitigar cualquier riesgo, y lograr la meta de manera ágil.

Lugar del Sprint Planning

Lo ideal es buscar un lugar diferente a los puestos de trabajo habituales. El lugar donde se hace la ceremonia, debe estar equipado con lo necesario para llevar a cabo la planificación, y debe estar alejado de posibles distracciones; de lo contrario, podríamos tener interrupciones de todo tipo, y no seremos efectivos en el cumplimiento del objetivo del Sprint Planning. Es necesario estar totalmente concentrados justo en ese preciso instante.

Durante la planificación, el compromiso del equipo será enfocarse, y poner sus mejores esfuerzos, para lograr organizar el trabajo que se va a realizar durante las próximas semanas.

Las distracciones son un enemigo potencial para el éxito del Sprint. Una planificación hecha a conciencia, y con compromiso, será de gran ayuda para acercarnos lo mejor posible al cumplimiento del trabajo estimado.

De la discusión a la conversación

El Sprint Planning, debe ser un espacio de análisis, donde nos encontremos con pensamientos que están en acuerdo y desacuerdo. La convergencia de estos pensamientos, se logra teniendo una discusión activa y positiva, usando argumentos certeros para llegar a un acuerdo mutuo.

Si pasas frente a un salón donde se está realizando un Sprint Planning, tendrás la impresión de estar viendo una escena caótica, pero realmente, es un espacio donde se está construyendo a través de los argumentos y la colaboración. Notarás como las personas intentan hablar todas al mismo tiempo, y se mueven de un lado a otro; ya sea hablando, o discutiendo, haciendo llamadas desde sus teléfonos o escribiendo toda clase de apuntes en sus libretas, en los tableros, y las computadoras.

Se espera que el equipo, tenga un comportamiento activo dentro de la discusión. Discutir no se debe percibir como algo negativo, la fricción de los argumentos, y el trabajo en equipo, permitirá llegar al refinamiento de nuestros propios pensamientos, y a generar un buen plan.

Lo ideal en la Planificación del Sprint, es que todos los asistentes tengamos participación y actitud dinámica frente a la construcción del plan.

Imagen 5. Sprint Planning Meeting

Ser constantes en la duración del Sprint

Es altamente recomendable, ser constantes en el tiempo que duran los Sprint, y en las fechas dispuestas para realizar las ceremonias. De esta manera, podremos saber con mayor exactitud, cuándo se debe reunir el equipo, cuándo inicia y cuándo finaliza un Sprint.

Ser constantes en la duración, y en las fechas relevantes de los Sprint, permitirá a los interesados (entre ellos el cliente final) y al equipo, tener una visión más clara y organizada del proceso.

Es importante tener bien definidas y entendidas las fechas, para así, estar preparados durante los acontecimientos más relevantes. De esta manera, estaremos sincronizados, y nadie tendrá contratiempos, ni excusas para faltar en las fechas especiales.

Estimación

Es un paso muy importante dentro de la Planificación del Sprint.

La estimación de las historias de usuario permitirá saber qué tan compleja es una tarea, y el tiempo aproximado que tomará realizarla. Luego, la sumatoria de las estimaciones, indicará hasta qué punto se puede comprometer el Equipo de Desarrollo en el siguiente Sprint.

Para realizar el proceso de estimación, existen diferentes herramientas, técnicas y métodos, como por ejemplo: Puntos de función, juicio de expertos, COCOMO, estimación por tallas, Planning Poker, entre otras. Más adelante, se explica con detalle, cómo realizar una estimación con la técnica de **Planning Poker**.

Gracias a la estimación, se tendrá una medida de referencia que nos permite conocer y entender nuestro desempeño y entorno de trabajo. Contrario a lo que se diga, estimar y medir, nos ayuda a analizar, y a controlar, el proceso para lograr la mejora continua.

Algunas consideraciones al momento de estimar son:

- El único responsable de la estimación es el Equipo desarrollador.
- El Product Owner debe estar presente para ayudar a entender los elementos de la lista del producto.
- El Product Owner podrá influenciar en las estimaciones, pero son las personas que realizan el trabajo, las que hacen la estimación final.
- El Scrum Master facilita y orienta la ceremonia, pero no debe participar en la estimación como tal.

¿Perfección al estimar?

Es importante hacer una buena estimación, no obstante, hay que tener presente que una estimación es tan sólo un valor aproximado, no es nada exacto o preciso.

En la estimación, estamos analizando y suponiendo una valoración relativa, a partir de unos supuestos escenarios, que puedan presentarse, o no, en el transcurso del Sprint.

En mi experiencia: La cuestión principal a la hora de estimar es: ¿a partir de "ciertas" circunstancias, cuánto trabajo podríamos realizar en más o menos un tiempo aproximado? Es así, como le damos continuidad a las estimaciones, y no desperdiciamos demasiado tiempo en dar valoraciones "perfectas". El tiempo es un recurso valioso y limitado en la planificación del Sprint, si consideramos que se está invirtiendo demasiado tiempo en el análisis de una historia de usuario, continuamos con otras historias. Si al final queda algo de tiempo, retomamos aquellas historias inconclusas para intentar asignarles una estimación. Si no se logra llegar un acuerdo en la valoración de estas historias, estas son excluidas del Sprint por tener un alto grado de incertidumbre.

Estimar una historia con un alto grado de incertidumbre, te llevará inevitablemente al error.

Lo ideal al estimar, es que estemos lo más cerca posible a la realidad. Sin embargo, es muy probable que durante el Sprint, se presenten imprevistos, y el cronograma planeado no marche según lo esperado.

No hay que alarmarse si al final del Sprint no se cumple exactamente con la estimación que se ha propuesto. Scrum se basa en la teoría de control de procesos empírica, y lo importante, es aprender de cada experiencia dentro del marco; de esta manera, se podrán tomar decisiones para la mejora continua del proceso y del equipo.

Planning Poker

En mi experiencia con los equipos Scrum: la técnica que más nos ha funcionado, es el Planning Poker. Esta técnica, además de ser, sencilla, divertida y amena, nos ha enseñado mucho sobre la importancia de la buena comunicación, el trabajo en equipo, y la relevancia de tener un claro entendimiento del producto. En ella, interactúan todos los roles de Scrum, pero sólo el Equipo de Desarrollo es el encargado de realizar las estimaciones (más adelante se explica cómo interactúa cada rol en el Planning Poker).

El Planning Poker usa una baraja de cartas en las cuales se representan símbolos, y números, basados en la serie Fibonacci.

Hay dos tipos de mazos que pueden usarse, según las preferencias de los equipos: uno es fiel a los números de la serie Fibonacci, y el otro es basado (con ligeras modificaciones) en esta misma serie.

El mazo más fiel a la serie Fibonacci tiene los números; 0, 1, 2, 3, 5, 8, 13, 21, 34, 55. El otro se compone de; 1/2, 1, 2, 3, 5, 8, 13, 20 (ó 21), 40, 100. La segunda versión también puede incluir cartas como; Interrogación (?), infinito (∞), y hasta una carta con una taza de café. Cualquiera de las dos barajas puede usarse.

Para nuestra preferencia (y debo decir que esto es cuestión de gustos), usamos la segunda baraja, que contiene ligeras modificaciones. En la siguiente figura podemos ver una representación de esta baraja.

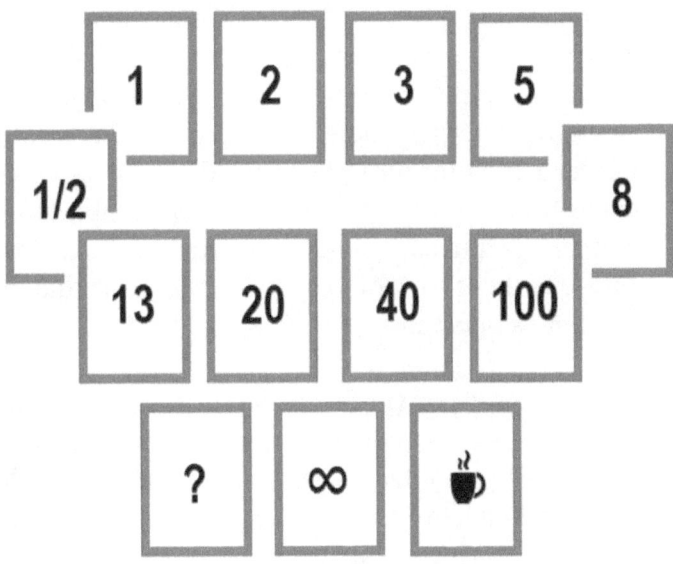

Figura 8. Mazo Planning Poker (autoría propia)

Cartas que representan alta incertidumbre

Hay cartas que se usan regularmente, para expresar que una historia de usuario presenta alta incertidumbre. Como por ejemplo, el número "100" o la carta de infinito (∞), son las cartas más comunes para expresar que una tarea es demasiado compleja, incomprensible, ambigua, o que tiene tantos impedimentos, que no se puede saber cuándo será terminada, o como puede ser desarrollada.

Ya se ha dicho anteriormente en este capítulo, que estimar una historia la cual presenta demasiada incertidumbre, nos llevará inevitablemente al error. Es por esto, que nosotros particularmente, hemos acordado: que las cartas con votaciones desde 1/2 hasta 8 puntos de historia, representan una "complejidad aceptable", y después de esto (del número 13 al infinito (∞)), consideramos la votación como una decisión de alta incertidumbre, o una historia de alta complejidad. En cualquiera de los dos casos, se debe volver a discutir, para elegir una de las siguientes opciones:

1. Optar por subdividir las historias en historias más pequeñas, que estén entre la "complejidad aceptable" (votaciones desde 1/2 hasta 8), o por otra parte,
2. Se puede seguir discutiendo más a fondo (sin dedicar demasiado tiempo) las implicaciones de las historias con votación muy alta, y de alguna manera, llegar a acuerdos para

también subdividir o votar un número más bajo, que encaje con nuestra definición de "complejidad aceptable".

Para reducir la incertidumbre intrínseca de las historias, dentro de la ceremonia se encuentra el Product Owner, quien está al frente, siendo responsable de entregar explicaciones y definiciones, dispuesto a compartir toda información con sus detalles, según sea el caso.

Es así, como el equipo podrá lograr una estimación más acertada.

Nota: No hay necesidad de tener las cartas físicas, se puede descargar cualquier aplicación en los teléfonos, que ayude a simular las cartas.

Anécdota: Reduciendo incertidumbre

Recuerdo una situación que me ocurrió hace un tiempo: uno de los integrantes del Equipo de Desarrollo, al estimar las historias de usuario del Sprint, siempre presentaba la carta de infinito para una historia en específico.

La realidad era, que siempre al final del Sprint, justo esa historia, no había sido terminada, y en ocasiones, ni siquiera presentaba avance.

En el siguiente Planning Sprint, el mismo compañero, volvía a votar por la misma historia de la misma manera, con la carta infinito. Argumentaba que no se podía saber, cuándo realmente dicha historia iba a poder ser "terminada", y esa era su razón para darle dicha votación.

Tenía razón, pasamos tres Sprint estimando la misma historia, e incluyéndola en el Sprint, sin lograr un avance significativo. Dada esta situación, decidimos reunirnos, para hablar del tema con más calma, analizarlo mejor y enfocarnos en encontrar una solución. Al discutirlo, nos dimos cuenta que el problema era la dependencia que teníamos de otras áreas de la empresa, las cuales debían aprobar ciertas actividades, o debían realizar alguna labor, la cual era requisito indispensable para avanzar, y terminar la historia de usuario en cuestión.

Luego de entender el problema, propusimos la siguiente solución: hablar con las áreas de las cuales se tenía dependencia, y dividir la historia de usuario en historias más pequeñas, unas con dependencia, y otras que no necesitaran de un tercero, o externo, para iniciar con su desarrollo. De esta manera, para las historias cuya dependencia era fuerte, procuramos solicitar una fecha a los encargados de los otros equipos, para así organizarnos, y saber en qué Sprint incluir estas historias. Por otro lado, para las historias resultantes que ya no tenían dependencia, decidimos estimarlas y desarrollarlas conforme era necesario. En conclusión, pudimos avanzar en parcialmente en la historia que presentaba alta incertidumbre, y logramos hallar la manera de concentrarnos más, en las tareas que sí podríamos desarrollar durante el Sprint. Es así, como la carta de infinito no se necesitó más para definir esta historia en particular, y el tiempo pudo ser aprovechado para estimar historias que sí serían desarrolladas en las próximas semanas.

¿Cómo se usa el Planning Poker?

- **Moderador:** Se debe asignar un moderador que no estará directamente involucrado en las votaciones. Lo más común (mas no necesario) es que el Scrum Master tenga el rol de moderador. Será encargado de medir los tiempos de las votaciones, y el tiempo que se tomen los votantes en las justificaciones que se realicen por cada votación. Hay que ser muy claros y concretos en los argumentos, no se debe invertir demasiado tiempo dando justificaciones.

- **Mazo:** Todos los integrantes del Equipo Desarrollador deben tener un mazo con las características antes descritas.
- **Unidad de medida y pivote:** Para empezar a estimar las historias de usuario, se debe definir una unidad de medida. Se puede elegir la métrica que se prefiera: estimación por horas, por días, tallas, esfuerzo, puntos de función, complejidad, etc. Nosotros particularmente, hemos elegido una medida relativa, basada en *esfuerzo y complejidad*. La elección de la unidad de medida depende de lo que te sirva: depende de tu entorno, del equipo, de tus gustos y experiencia.
- **Pivote:** Antes de empezar a estimar, se debe seleccionar una historia de usuario para que sirva como pivote. Si estimas en horas, tal vez el pivote no tenga necesidad de escogerse, sin embargo, para el caso donde la unidad de medida está basada en *esfuerzo y complejidad*, es muy necesario tener una historia que sirva como referencia para

comparar, y definir estimaciones a partir del pivote escogido. Más adelante en este mismo capítulo, se explica cómo elegir un pivote y su uso.

- **Product Backlog (Lista de pendientes del Sprint):** Para iniciar la estimación se eligen historias del Product Backlog. Estas historias deben estar priorizadas por el Product Owner. Dentro del Sprint Planning se discutirán, junto al Equipo de Desarrollo, las implicaciones técnicas de estas priorizaciones. En algunos casos, es probable que el Product Owner considere modificar algunas de las prioridades.
- **Votaciones secretas:** Los desarrolladores tienen un mazo cada uno, y deben votar por las historias de usuario, una a la vez. Se expone una historia, y si es necesario, se explica brevemente. Luego todos deben votar en secreto, y transcurrido un tiempo prudente, el moderador indicará el momento para revelar todas las votaciones al mismo tiempo. Es importante que la votación sea secreta, y que se revelen las votaciones todas a la vez, de lo contrario, podríamos sesgar la decisión de los demás participantes. Si alguno muestra su votación antes, podría influenciar en la elección de los demás, y no habría una construcción conjunta de las estimaciones, sino una imposición indirecta de la opinión

de aquel que reveló su estimación con anterioridad, o de aquel que aparentemente tiene más influencia en el equipo.

- **Poder de los argumentos:** Después de revelar las votaciones, se debe llegar a un consenso unánime. No obstante, debemos saber que en el Planning Poker, no prima la democracia, no se trata de elegir la decisión de la mayoría, sino que se debe valorar el poder de los argumentos. Lo ideal, es que todos los votantes, estén de acuerdo con la estimación asignada a cada historia. La votación debe ser unánime, y debe conseguirse con la escucha activa de la opinión de todos. Debe darse la oportunidad de argumentar a cada uno de los votantes, incluso a aquellos que tengan una votación diferente a la mayoría. Cuando se usa el poder de los argumentos, se puede notar, como en ocasiones, aquella mayoría no tiene la razón, y sólo basta dejar en claro nuestras opiniones para volver a votar, y ver como las estimaciones empiezan a cambiar. Cuando en el Planning Poker no hay consenso, siempre es bueno que todos (o la mayoría), hablen para que expongan sus razones, esto permitirá reducir la incertidumbre entre los votantes, y converger a la hora de entender un poco más las historias que estamos estimando. Las discusiones sobre las votaciones no deben durar demasiado tiempo; la duración de cada discusión, quedará al criterio del equipo y el mediador. El Scrum Master es el encargado de mantener la ceremonia dentro del bloque de tiempo (Time-Box) establecido. Se debe ser muy concreto, y conciso, expresando los argumentos, y haciendo las respectivas réplicas.

- **Volver a votar:** Si no hay consenso al votar por primera vez, se exponen rápidamente las opiniones de los asistentes y se realiza una nueva votación.
- **Asignación de puntos de historia:** Después de llegar a un consenso en la votación de una historia de usuario, se asigna la estimación, de manera que sea visible para todo el equipo y los interesados. Siempre debe estar visible toda la información, ya sea si usas herramientas digitales o anotaciones físicas. El éxito del Sprint es responsabilidad de todos; así mismo, todos deben estar interesados en los avances de cada historia individual. Para este momento, aún no se deben asignar responsables del desarrollo de cada historia de usuario. La asignación de los responsables de cada historia, se realizará día tras día, lo más probable, durante el Daily Scrum, o en cualquier momento del día. Más adelante en el capítulo *"Mi primer Daily Scrum"* se explicará más sobre las

responsabilidades y la asignación de historias a los miembros del Equipo de Desarrollo.

Cartas con símbolos

- **Taza de Café:** Es una carta que se usa, cuando se quiere solicitar un espacio de descanso para el equipo. Así el equipo podrá aclarar sus pensamientos y tomar un respiro. Ir por un café, o un refresco, puede ayudar al equipo a despejar la mente y recobrar energías.
- **Signo de interrogación:** Esta carta se usa, cuando no se sabe el valor que se debe asignar a la historia de usuario que se está votando, ya sea porque la historia tiene mucha incertidumbre, o porque no se logra comprender lo que se está solicitando.
- **Símbolo infinito:** El infinito se usa para expresar, que una historia es muy grande o ambigua. Con frecuencia, es usada para indicar que una solicitud presenta demasiada incertidumbre.

¿Y qué pasa cuando se usa la carta de interrogación, de infinito o se estima muy alto?
Cuando ocurre cualquiera de estas tres situaciones, se debe analizar a fondo la historia de usuario que

estamos estimando, muy seguramente presenta una gran incertidumbre, y es necesario indagar la razón de tener una historia con una votación tan alta; a veces, sólo basta con subdividir la historia en otras más pequeñas, y así, estimar cada historia individualmente. En otras ocasiones, la razón puede ser, que no está clara la complejidad, ni el esfuerzo que requiere la historia; por consiguiente, se debe investigar más sobre ella, y para esto, tendremos que apoyarnos en la gestión del Product Owner, y usar todas las herramientas que se tienen a disposición.

Reducir incertidumbre para obtener una estimación más aproximada, es gestionar riesgos proactivamente.

Recuerda... que yo sólo te cuento lo que ha funcionado en los equipos que he participado, pero tú debes encontrar la mejor forma de hacerlo para ti mismo y tus equipos. Quizá esta técnica del Planning Poker te sirva, puedes probarla, pruébala, no tengas miedo. Si no te funciona, no dudes en prescindir de ella, y continúa buscando la mejor forma de hacerlo.

Con suerte encontrarás todo lo que te sirve en tu primer Sprint, de otro modo, tienes muchos más Sprint donde puedes experimentar y aprender junto a tus equipos.

Pivote ¿Qué es?

Un Pivote es una historia de usuario que nos servirá como referencia para realizar la medición de todas las historias de usuario dentro del proyecto.

Elegir un pivote es muy útil a la hora de realizar la estimación de las historias de un Sprint. Dentro del proceso de estimación, el pivote es un punto de referencia para medir, basándonos en esfuerzo y complejidad.

La historia de usuario que será elegida como pivote, debe ser una historia que todos entiendan, y que puedan estimar eligiendo una votación unánime.

El pivote se usará como base en las estimaciones de todas historias dentro del proyecto.

¿Cómo elegir un Pivote?

Para elegir el Pivote se selecciona una historia de usuario de la Lista del Producto, y se le asigna una estimación. Con la elección del pivote, se podrán estimar las demás historias, comparando las características del pivote versus las características de las historias que se desean estimar.

En nuestro caso, para elegir la historia pivote, se busca la historia que implique el menor *esfuerzo y complejidad* para su desarrollo; de esta manera, se obtiene un pivote con la estimación de menos "puntos de historia" de toda la Lista del Producto. Luego de elegir la historia con menos puntos, se le asigna una estimación de "1". Es a partir de ésta historia, que se estimarán, de manera relativa y proporcional, en esfuerzo y complejidad, las demás historias de usuario. Es decir, toda historia que sea similar al pivote (en cuanto a esfuerzo y complejidad) tendrá una estimación de "1", y las demás historias tendrán una estimación proporcionalmente mayor o menor, según sea el caso.

En la siguiente figura, se muestra un ejemplo de cómo puede ser una historia de usuario pivote:

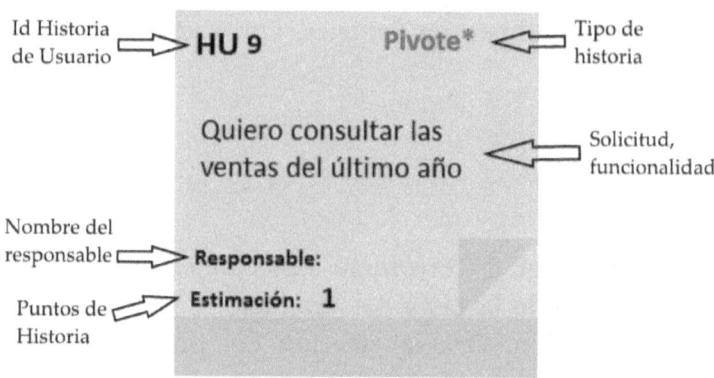

Figura 9. Ejemplo de pivote (autoría propia)

¿Por qué elegir la historia con menos puntos de historia?

En mi experiencia con los equipos: hemos decidido elegir la historia con menor puntaje, ya que nos ha parecido la forma más fácil de iniciar, y posteriormente gestionar la estimación.

Estimar a partir de una historia que tiene el menor peso relativo, nos ha resultado más sencillo que otras opciones de pivote como:

1. Estimar a partir de una historia con puntos de historia promedio, o
2. Elegir un pivote con el mayor número de puntos de historia.

Estas dos opciones pueden llegar a ser muy difíciles de gestionar, conforme evoluciona la Lista del Producto. Recordemos que la Lista del Producto es orgánica, y que posiblemente con el tiempo tendremos historias de usuario nuevas: cuyo esfuerzo y complejidad podrá ser mayor o menor al pivote. Si es así, es mucho más fácil administrar las estimaciones, cuando son comparadas contra un pivote que tiene el menor peso relativo. Esta última opción permite solucionar las estimaciones de manera más fácil.

En el caso que surja una nueva historia con una estimación menor, podremos asociarla como una sub-tarea a una tarea mayor, o en todo caso, podríamos usar la carta con estimación de "1/2".

Si se da el caso contrario, donde aparece una historia que tiene un mayor peso que el pivote, tenemos toda la baraja de cartas para asignar un valor fácilmente.

Desventajas de un pivote muy alto: Si eliges un pivote que tenga, por ejemplo, un peso de "13" creyendo que es la historia más grande, cuando surja una nueva historia, y ésta sea más compleja, tendrás que elegir entre:

1. Darle una estimación muy alta; lo que se traduce en una alta incertidumbre, y estaremos más propensos al error, o
2. Subdividir en más tareas la nueva historia; por lo cual debemos invertir más tiempo de gestión y estimación.

¿Y si una estimación no encaja dentro de los números del mazo?

Algo que puede ocurrir dentro del Planning Poker, es que aparezca una historia cuya estimación no encaje dentro de los números incluidos en el mazo de cartas. Supongamos la siguiente situación: tenemos el pivote cuyo peso en puntos de historia es "1", y se nos presenta una historia cuya estimación hemos considerado, que es cuatro veces mayor al pivote, esto nos daría una estimación de "4", medida que no está disponible en nuestro mazo, entonces, ¿qué estimación darle? Para estos casos, nosotros realizamos dos ejercicios:

A. Intentar comprender mucho más la historia, logrando reducir la incertidumbre, para luego valorar si es conveniente bajar o subir la estimación, y quedar más cerca a las votaciones "3" o "5", cuyos números sí están dentro del mazo de cartas del Planning Poker, o

B. Si después de discutirlo con el equipo, concluimos que la historia definitivamente se mantiene en una estimación de "4" puntos, podemos subdividir la historia en dos, cada una de "2" puntos, y así mantener el puntaje de la votación, sólo que ahora, en dos historias de usuario distintas, con estimaciones que sí están dentro del mazo.

Mantener el mismo pivote

El pivote que elijamos será nuestro pivote durante todo el proyecto. Si cambias de pivote en cada Sprint, las cosas se pondrán confusas para tu equipo en la planificación.

Mantener el mismo pivote, será más fácil para estimar. Así mismo, podrás obtener una consistencia en la velocidad de los Sprint, y sabrás cuál es la velocidad de tu equipo.

Con la información de la velocidad del equipo (y del Sprint), se podrá entender con mayor facilidad, el trabajo promedio al cual nos podemos comprometer en cada iteración, y de esta manera sabremos cuál es nuestro alcance, y hasta qué punto debemos llevar la planificación del Sprint.

> Recuerda mantener el mismo pivote durante todo el proyecto. Si cambias de Sprint, no cambias el pivote.

Si no vas a incluir el pivote en el Sprint que estás planificando, ya sea porque la historia no será desarrollada debido a su baja prioridad, o porque dicha historia ya se hizo en un Sprint anterior, esto no es razón para que elijas un nuevo pivote. Mantén el mismo, sea incluido o no en el siguiente Sprint. Mantener el pivote permitirá tener consistencia en la estimación y en la velocidad de tu equipo. Si cambias el pivote en cada Sprint, la velocidad de tu equipo será variante, y no podrás comparar el trabajo realizado, respecto a Sprint anteriores. La consistencia, coherencia y conocimiento del historial de velocidades de los Sprint, es importante para la mejora continua y auto-organización del equipo.

> Medir nuestro trabajo para controlarlo y mejorarlo. Todo lo que se puede medir, se puede mejorar.

Velocidad del Sprint y Velocidad del equipo

- Velocidad del Sprint

La velocidad del Sprint es la cantidad de trabajo realizado por el equipo en un Sprint. En otras palabras, es la suma de los puntos de historia "terminados" en un mismo Sprint.

Consideremos el siguiente ejemplo:

Historia de usuario	Puntos de historia terminados
HU 1	5
HU 2	3
HU 3	2
Velocidad del Sprint	10

Velocidad del Sprint = HU1 + HU2 + HU3
Velocidad del Sprint = 5 + 3 + 2
Velocidad del Sprint = 10

Con la velocidad del Sprint, puedes saber la cantidad de trabajo que tu equipo ha sido capaz de realizar en un Sprint, y usarlo a beneficio del propio equipo para plantearse el próximo compromiso. Con esta información, también puedes diseñar planes de acción buscando la mejora continua.

- **Velocidad del Equipo**

La velocidad del equipo es el promedio de la suma de las velocidades de todos los Sprint anteriores (de un mismo equipo en un mismo proyecto). Esto nos dará los puntos de historia promedio a los cuales el equipo puede comprometerse en un Sprint.

La velocidad del equipo es muy útil cuando se está planificando. Nos permite saber, cuánto trabajo podemos comprometernos a realizar en las próximas semanas.

En el primer Sprint será muy difícil saber cuál es la velocidad promedio, por consiguiente, en el Sprint Planning se debe proponer una velocidad aproximada, a la cual estamos dispuestos a comprometernos. Si al final del Sprint no hemos terminado todas las historias estimadas, esto no es una mala señal, simplemente el equipo aún no conoce su velocidad, y debe ir aprendiendo conforme se realizan otros Sprint.

Las historias que no se terminaron, pasan de nuevo a la Lista del Producto para ser estimadas en el próximo Sprint Planning, y sus puntos de historia no deben ser tomados en cuenta para la velocidad del equipo ni del Sprint. Si por el contrario, el equipo termina mucho antes de finalizar el Sprint, se pueden tomar algunas historias de la Lista del Producto, incluirlas, y empezar a trabajarlas durante el tiempo restante del Sprint. Estas últimas historias deben ser estimadas, y sumadas al final, en el total de puntos de historia terminados.

Después de cerrar tu primer Sprint, vienen buenas noticias; al fin tendrás la suma de los puntos de historia terminados, y tendrás la primera referencia, que nos acerca a conocer la velocidad promedio del equipo.

Para un primer Sprint recomendamos realizar una estimación con las historias de usuario que el equipo crea posible comprometerse. Recuerda que no hay nada de malo si terminas antes o después, es tu primer Sprint, y no conoces la velocidad del equipo. Intenta aprender lo máximo en cada Sprint. La velocidad del equipo la descubren conforme se van conociendo, y van trabajando juntos en los Sprint.

Velocidad del Sprint y Velocidad del equipo

VS= Velocidad del Sprint
PHT=Puntos de historia de usuario terminada
VE= Velocidad del Equipo

VS= $\sum(PHT_1+PHT_2...+PHT_n)$ → donde "**n**" son el número total de historias de usuario terminadas.

VE=$\sum(VS_1+...+VS_n)$ **/n** → donde "**n**" son el número total de Sprint realizados.

Cambios a mitad del Sprint

Hasta el momento sólo se ha hablado de la Lista del Producto como una lista orgánica, pero hay ocasiones donde la *Lista de Pendientes del Sprint* (Sprint Backlog) también puede sufrir cambios, y en el peor de los casos, en medio de la ejecución del Sprint.

Se supone que no deberían ocurrir este tipo de situaciones, debido a que; cuando iniciamos la ejecución del Sprint, es porque, en efecto, ya se han hecho los respectivos análisis y estimaciones para cumplir con un compromiso.

Si el alcance del Sprint empieza a cambiar mientras estamos en medio de la construcción del producto, no podremos asegurar el cumplimiento de la Meta del Sprint.

He dicho antes que se debe ser flexible cuando hay cambios dentro de la Lista del Producto. Entendemos que el proyecto y la lista del producto son orgánicos, pero ¿qué pasa cuando los cambios son sobre la marcha y solicitan un cambio sobre la *Lista de Pendientes del Sprint*? Esto nos puede presentar algunos afanes e incertidumbres, pero hay maneras de sortear estas dificultades.

A continuación te presento dos posibles solicitudes de cambio, que pueden presentarse, y te cuento como las hemos solucionado:

La situación es la siguiente: El Product Owner se entera que ha surgido una novedad en el negocio, y el cambio afecta algunas historias de usuario. Para este caso, y por suerte, las historias de usuario que deben modificarse están incluidas en la ejecución del Sprint actual. El Product Owner rápidamente comunica que deben realizarse cambios y que no podemos continuar con algunas historias incluidas en el Sprint; además de que, hay que agregar otras historias que son nuevas, para que el Sprint cumpla la meta establecida. ¿Cómo solucionarlo?:

1. *Eliminación o modificación de historias de la Lista de Pendientes del Sprint*

La solución más común que nos planteamos es: excluir del Sprint las historias que, debido a la novedad, se deben modificar o eliminar.

Para sopesar la ausencia de esas historias, se seleccionan otras de la La Lista del Producto y se agregan al Sprint en curso. A estas nuevas Historias de Usuario se les debe asignar una estimación. Para eso, el Equipo de Desarrollo y el Product Owner, evalúan y escogen aquellas historias cuyo esfuerzo o estimación, han considerado que son similares a las historias que han sido excluidas.

Aquellas historias que se han removido del Sprint, son eliminadas por completo, o son devueltas a la Lista del Producto para ser redefinidas, y si es el caso, incluirlas en un Sprint posterior, con una nueva estimación.

2. *Adición de historias de usuario dentro de la Lista de Pendientes del Sprint*

Hay ocasiones donde el Product Owner informa que se deben agregar nuevas funcionalidades, asegurando que las novedades son necesarias para cumplir con la Meta del Sprint. En una primera instacia, lo mejor será que se reúna el Product Owner y el Scrum Master. Juntos, podrán decidir sobre las historias del Sprint actual que deben ser reemplazadas por las nuevas historias. Lo ideal, es encontrar historias que no se hayan desarrollado y que tengan estimaciones similares a las nuevas. Posiblemente, y en una segunda instancia, al comparar las estimaciones, también se necesitará la opinión del Equipo de Desarrollo. Las opiniones de los desarrolladores son de gran ayuda para estar más seguros de las similitudes entre estimaciones.

Por último, el objetivo es hacer un intercambio de historias intentando mantener la complejidad y el esfuerzo planeado. De esta manera, se busca impactar lo menos posible el trabajo y la meta del Sprint.

Definición de "terminado"

Es la descripción o conjunto de características que indican hasta qué punto una historia de usuario puede considerarse como completa o finalizada.

Cada persona puede tener diferentes opiniones sobre lo que significa "terminado", así que es de gran importancia definir qué representa esta palabra para todos y cada uno de los integrantes del equipo. Luego, se debe trabajar en conjunto para lograr un entendimiento común y establecer una definición unánime.

El Scrum Master se encarga de que el equipo llegue al entendimiento común de la definición, y se encarga de recordar la definición a todos cada vez que sea necesario.

Nosotros dedicamos unos minutos siempre al inicio de cada Sprint Planning para discutir o recordar la definición de "terminado".

Sin una definición clara y entendida por todos, habrá miembros del equipo que piensen que una historia de usuario ya está terminada, cuando realmente aún no cumple todos los estándares o definición de lo que se desea.

Algunos malos entendidos pueden ser, por ejemplo: un desarrollador piensa que una historia de usuario está terminada, cuando sólo se ha hecho la construcción, sin necesidad de pasar por un proceso de calidad; otros desarrolladores y Stakeholders pensarán que una funcionalidad está terminada cuando, además de la construcción, las funcionalidades pasan por calidad, y corrección de errores; otros dirán que las historias están terminadas sólo hasta que se haya enviado para uso del cliente. Cada integrante del equipo puede suponer su propia definición y alcance.

Si no se tiene una definición clara y compartida, habrá miembros del equipo que confundan el estado final de una historia, y realicen menos o más trabajo de lo esperado: al final del Sprint, no tendremos el incremento del producto que se esperaba.

Como en el ejemplo anterior, hay ocasiones, donde un miembro del equipo hace entrega de una funcionalidad que asegura haber finalizado, cuando realmente sólo ha desarrollado el proceso de construcción. Esta situación puede generar problemas debido a que, lo ideal, sería que un producto listo para su uso, y comercialización, debe atravesar varios procesos (como por ejemplo, el proceso de calidad del producto), antes de salir al público. Una situación donde no tengamos claro los procesos, podría ir en contravía de las políticas y reputación de la empresa.

Los riesgos y problemas derivados del no entendimiento de la palabra "terminado", se pueden evitar precisamente, con un entendimiento común de la definición per sé.

Un ejemplo de definición de terminado puede ser: "Para considerar una historia terminada se debe:

construir, probar, corregir y poner la funcionalidad a disposición del cliente en un ambiente de pre-producción (o pre-lanzamiento)".

En cuestiones de planificación: un entendimiento común de la definición de terminado, es clave para realizar una estimación más precisa.

Cancelación de un Sprint

La cancelación de un Sprint sólo puede ser decisión del Product Owner. El sprint se cancela si ya no tiene sentido seguir con él. Si el negocio o las condiciones han cambiado tanto, que el objetivo del sprint queda obsoleto.

El Sprint es tan corto que rara vez se cancela. La decisión de cancelar un Sprint, debe ser la última opción a tomar. Primero deben evaluarse otras posibilidades buscando adaptar el curso del Sprint y solucionar cualquier impedimento o imprevisto.

¿Trabajo pendiente?

En cada nuevo inicio de un Sprint, en el día del Sprint Planning, no debe haber trabajo pendiente; es decir, para este día, no se debería estar trabajando en la construcción del producto, ni tener establecidas reuniones para ningún integrante del Equipo de Desarrollo, ni para el Product Owner.

Para este día, la construcción de las Historias de Usuario del Sprint ya se ha terminado, y todo aquello que no se logró terminar, debe volverse a tomar en consideración para la priorización y estimación dentro de un nuevo Sprint.

Capítulo dos

Mi primer Daily Scrum

El Daily Scrum es un evento que se realiza cada día del Sprint. Se destina un máximo de 15 minutos para tratar temas relevantes como: el trabajo en curso, el avance del Sprint y los impedimentos. Se recomienda que asistan todos los integrantes del equipo, y que la ceremonia sea en el mismo lugar, a la misma hora todos los días.

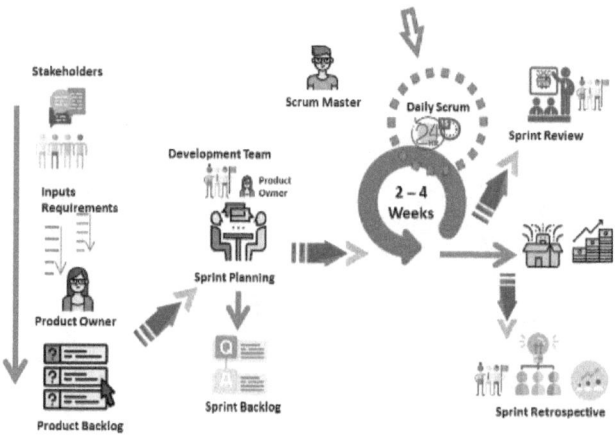

Figura 10. Daily Scrum (autoría propia)

En el Daily Scrum (en adelante Daily) los integrantes del Equipo de Desarrollo deben resolver tres preguntas:

- ¿Qué hice ayer que ayudó al Equipo de Desarrollo a lograr el Objetivo del Sprint?

- ¿Qué haré hoy para ayudar al Equipo de Desarrollo a lograr el Objetivo del Sprint?
- ¿Veo algún impedimento que evite que el Equipo de Desarrollo o yo logremos el Objetivo del Sprint?

Una valiosa enseñanza: principio KISS

Recuerdo como si hubiera sido esta misma mañana mi primer Daily como Scrum Master. Para ese momento ya hace seis meses me había certificado, e incluso había pertenecido a un equipo ágil donde participé en incontables Daily (como miembro del Equipo de Desarrollo). Es decir, tenía experiencia como miembro de un Equipo ágil y estaba certificado como Scrum Master.

No obstante, esa misma mañana nos encontrábamos en la sala de juntas con tres compañeros del Equipo de Desarrollo. Ellos estaban expectantes por lo que íbamos a hacer en el Daily Scrum. Yo por otro lado, me sentía muy seguro sobre cómo iba a abordar la ceremonia, pero una vez que estuvimos adentro de la sala de juntas, no tuve la menor idea de cómo lidiar con el Daily.

Estuve de pie y en silencio, mirando alrededor, casi como esperando a que alguien diera una señal para iniciar. Transcurrían los minutos, y mis compañeros me miraban fijamente esperando a que todo comenzara. Pero no supe cómo manejarlo, no sabía por dónde empezar.

Después de un rato me armé con un poco de valor y empecé una débil conversación. Hablé sobre el trabajo del día anterior, de las tareas en curso, hice algunas preguntas sobre el avance; sin embargo, sentía que no estábamos siendo productivos, no estábamos avanzando hacia ningún lado. Siendo sincero, creo que también tenía un poco de vergüenza, porque no quería sonar muy autoritario al preguntar por el trabajo que habían realizado el día anterior, y el compromiso que iban a adquirir para las siguientes 24 horas.

Los minutos seguían pasando y no estábamos cumpliendo el objetivo del Daily Scrum.

En algún momento mi jefe pasó por el frente de la sala (ahora pienso que se dio cuenta que las cosas no marchaban muy bien), entró y se quedó escuchando lo que estábamos hablando. No recuerdo cómo iba la conversación, sólo recuerdo que mi jefe detuvo la ceremonia y dijo: – No se compliquen, sólo deben responder a las tres preguntas ¿Qué hice ayer?, ¿Qué haré hoy?, ¿Qué impedimentos tengo?- él mismo comenzó a facilitar el Daily, y gracias a su intervención, la ceremonia fue todo un éxito.

Sus palabras me trajeron a la mente el principio KISS, cuyas siglas en inglés significan Keep It Simple, Stupid!: El principio KISS, indica que cualquier complejidad innecesaria debe ser evitada, y que los procesos y sistemas funcionan de mejor manera si se mantienen simples en lugar de complejos.

Luego de la ceremonia, me sentí muy aliviado y a la vez avergonzado, no me sentía lo suficientemente preparado para el rol de Scrum Master. A pesar de ese "incidente", no me di por vencido. Para los siguientes Daily Scrum puse en práctica la recomendación de mi jefe, y de esa manera, todo empezó a fluir mucho mejor. Keep It Simple!

Después de un tiempo entendiendo e interiorizando el Daily Scrum, y según la cantidad de integrantes del Equipo de Desarrollo, se puede volver más sencilla o compleja la ceremonia. Por el momento, intenta que todos los integrantes del Equipo de Desarrollo respondan las tres preguntas y no te compliques. Con el tiempo mejorarás.

Sitio y hora del Daily Scrum

Intenta que el Daily sea siempre a la misma hora y en el mismo lugar. La razón de tener un sitio y una hora específicos conocida por todos, es para que no haya confusiones ni contratiempos. Esto implica ventajas de efectividad en el proceso.

Si en algún momento quieres hacer un cambio del sitio (para hacer el Daily más ameno o para agregar valor a la ceremonia), no basta con enviar un correo de comunicación, acércate a cada integrante y comunícale directamente. Asegúrate que el cambio ha quedado entendido y aceptado por todos.

Daily Scrum a primera hora del día

Por lo general, nosotros acordamos realizar el Daily en la mañana, a primera hora del día. La decisión está muy bien justificada por las mismas experiencias del equipo. Cuando hemos intentado realizar el Daily en otros momentos del día, por ejemplo, los últimos 15 minutos de la jornada, o incluso a mitad de la mañana, con frecuencia las personas se veían involucradas en diferentes situaciones que contemplaban; reuniones, incidentes que resolver, imprevistos, entre otras cosas. Es así como en varias ocasiones, nos encontramos en Dailys donde algunos de nuestros compañeros tenían dificultades para asistir.

Las ausencias disminuyeron cuando el Daily fue programado a primera hora del día. Es por ello que insisto, que un horario ideal es a primera hora del día, o en la mañana muy temprano, donde todos los integrantes del equipo puedan asistir. Esta decisión se justifica para nuestro caso en particular, y nos ha funcionado de esa manera.

Estar de pie

Muchos recomiendan estar de pie en la ceremonia del Daily Scrum. Personalmente, lo he comprobado junto a los equipos, y entre todos coincidimos que es una buena práctica que le ha dado valor a la ceremonia. A continuación, explicaré desde mi experiencia, el por qué estar de pie trae ventajas y nos permite ser ágiles:

En ocasiones, durante el Daily, estábamos en situaciones incómodas donde llevábamos más de 20 minutos reunidos, y aún no empezábamos a hablar sobre el avance del Sprint. Hubo días que pasaron hasta 40 minutos sin lograr ningún tipo de avance. La ceremonia se convertía en un club de socialización donde sólo se hablaba del partido de fútbol, o de la noticia más compartida en Twitter. Incluso, usábamos el tiempo para traer café, tomarlo y luego ir por más café.

Por esos días (y debido a nuestra mala praxis) el Daily era una inevitable pérdida de tiempo. Tiempo que pudimos haber usado para hacer: inspección, adaptación, o construcción del incremento del producto. Debido a estos problemas, decidimos juntarnos en un lugar sin asientos, todos de pie frente al tablero donde estaban las historias y el estado del trabajo. La regla era que nadie se sentara hasta que el último de nosotros hablara. Al segundo día, el Daily estaba cumpliendo con el Time-Box de

15 minutos, y estábamos comunicándonos mucho mejor.

La razón para hacer el Daily de pie, es que no debemos sentirnos demasiado cómodos en nuestros asientos, al punto de olvidar totalmente el objetivo de la ceremonia. Estar de pie, es una alarma natural para motivarnos a ser efectivos comunicándonos. Si el equipo no es claro y preciso transmitiendo la información, el tiempo empezará a transcurrir, y acabaremos exhaustos por estar de pie demasiado tiempo.

Recuerda que es sólo una recomendación, debes practicar y hacer lo que funcione mejor para el equipo. Si a tu equipo le viene bien estar sentados, y cumples el objetivo dentro del Time-Box (máximo 15 minutos), sigue haciéndolo de esa manera, porque lo estás haciendo bien.

Aprende constante y conscientemente mientras pasa el tiempo, y conforme vas entendiendo a tu equipo y su entorno.

¿Por qué 15 minutos?

Es el tiempo suficiente para comunicarnos efectivamente y tener una visión general del avance del proyecto.

La concentración en el Daily es importante. No debe haber conversaciones paralelas que puedan distraer al equipo y alargar la ceremonia.

Durante el Daily se debe ser muy específico y concreto en comunicar la información. Así se podrá lograr el objetivo de la ceremonia y mantenerla dentro del límite de tiempo de 15 minutos.

Inspección y adaptación en el Daily Scrum

El Daily Scrum representa ventajas en temas como: organización del trabajo diario, comunicación, compromiso de equipo y solución de impedimentos. Permite revisar el trabajo y corregir los posibles desvíos que se tengan en relación al objetivo del Sprint.

Es importante entender que el Daily no es una reunión de seguimiento que ayuda al Product Owner (o al Project Manager) a saber el estado del proyecto. El Daily Scrum es una ceremonia donde el Equipo de Desarrollo tiene como objetivo:

- Hacer inspección diaria del trabajo realizado, para así auto-organizarse.

- Descubrir posibles desvíos de la meta del Sprint.
- Identificar impedimentos.

Si se desea realizar seguimiento más exhaustivo del trabajo, se debe acordar un espacio aparte en el cual se traten los temas requeridos. Si el Daily Scrum se convierte en una reunión de seguimiento, te vas a encontrar constantemente en situaciones donde la ceremonia está tardando demasiado, y el equipo mal gastará su tiempo en temas que quizá no sean de interés para todos los asistentes.

El Daily Scrum no es una reunión de seguimiento, es un espacio donde la transparencia, la inspección y la adaptación, convergen diariamente para fomentar la comunicación y el compromiso de equipo. Es un espacio del equipo y para el equipo.

Equipo empoderado

En Scrum todos somos responsables del incremento del producto, no hay una única persona encargada, todos debemos trabajar para lograr la meta, y todos somos responsables del éxito o del fracaso del Sprint.

Para empoderar al equipo, y motivarlo a realizar su propio seguimiento, y no depender de una persona externa, hemos decidido cambiar la manera de formular las tres preguntas del Daily Scrum. Creemos que el equipo sabe qué es mejor para sí mismo, y por ende, es el equipo quien debe presidir la ceremonia buscando su beneficio y el del Sprint.

Las nuevas preguntas tienen el mismo objetivo que las primeras tres, con una pequeña variación que hace sentir al equipo empoderado, los hace sentir dueños y responsables del trabajo. Cada miembro dentro del Equipo de Desarrollo debe responder a las siguientes cuestiones dirigiéndose a todos los presentes:

- ¿Cómo ayudé ayer al equipo para lograr alcanzar el objetivo del sprint?
- ¿Cómo voy a ayudar hoy al equipo para lograr alcanzar el objetivo del sprint?
- ¿Qué impedimentos tengo?

Puedes usar las primeras tres preguntas, o tener tu propia variación de preguntas. Es importante que al diseñar las interrogantes, tengas en mente: el trabajo en equipo, la transparencia, la inspección y la adaptación.

Asignación de Historias de usuario; Auto-organización

Cuando en el Daily se está respondiendo a la pregunta; ¿Cómo voy a ayudar hoy al equipo para alcanzar el objetivo del sprint?, es en ese momento cuando escogemos una historia de la Lista de Pendientes del Sprint y le asignamos un responsable. Hay historias de usuario que posiblemente han sido asignadas en el Sprint Planning, sin embargo, lo usual en nuestro caso, es asignar las actividades dentro del Daily Scrum.

La asignación del responsable debe hacerse pública y visible, es por ello que se anota el nombre del candidato sobre la historia de usuario.

¿Y quién escoge la siguiente historia para desarrollar y asigna el responsable? La Lista de Pendientes del Sprint está priorizada, así que lo ideal sería continuar con la historia de usuario de mayor prioridad dentro de la lista de pendientes. Por otro lado, el equipo conoce muy bien las historias del Sprint en curso, por consiguiente, sabrá elegir de la lista cuál es la siguiente historia para desarrollar. Por último, se asigna en consenso, o por iniciativa propia de cada integrante, un responsable de la historia de usuario.

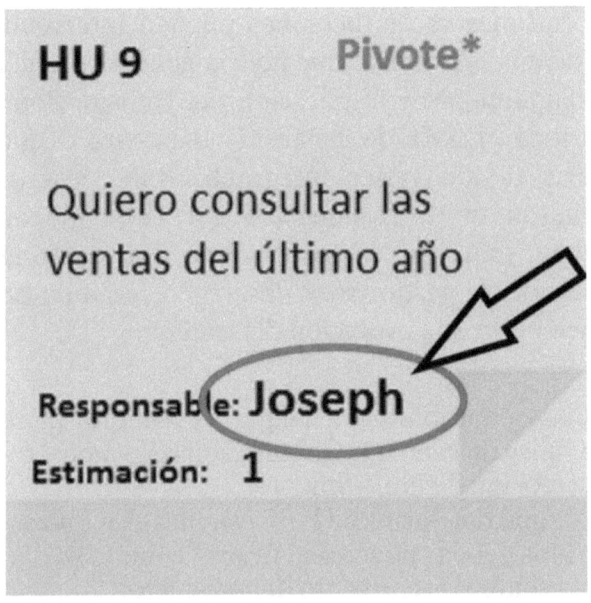

Figura 11. Responsable de una historia de usuario (autoría propia)

Para lograr que el equipo tome sus propias decisiones, el Scrum Master está encargado de fomentar la auto-organización y motivar al equipo a estar empoderado de los objetivos grupales.

La responsabilidad de alcanzar la meta del Sprint es de todo el Equipo Scrum, y para evitar posibles solapamientos o duplicación de trabajo, es necesario organizarnos muy bien y definir un único responsable por cada historia de usuario.

En ocasiones varias personas pueden intervenir en una misma historia, lo que podría generar problemas de solapamiento y duplicación del trabajo. Por ello, para toda historia de usuario (y más para el tipo de historia donde varios integrantes intervienen), se asigna un único responsable que debe grabar su nombre sobre la historia. Será esa persona la encargada de gestionar el desarrollo, velando por el avance y correcta evolución del trabajo.

- Es responsabilidad del equipo preguntar por el avance de cada una de las historias, y apoyar en la remoción de impedimentos.
- Al final del Sprint no hay responsables únicos, todos deben "ponerse al frente" cuando se presente el incremento del producto.

Gestión de impedimentos

Los impedimentos son responsabilidad de todo el equipo Scrum (Product Owner, Scrum Master y Equipo de Desarrollo).

En primer lugar, deben ser resueltos por el encargado de cada historia de usuario, luego puede ser escalado al Equipo de Desarrollo (en el Daily Scrum o en cualquier momento del día) y luego al Product Owner o al Scrum Master, según sea el caso.

Si durante el Daily Scrum se comunican impedimentos, éstos serán tratados a fondo luego de la ceremonia. En el Daily Scrum sólo se dará una breve descripción para poner en contexto el problema.

Buscar una solución temporal o definitiva de los impedimentos será desarrollada en un espacio externo al Daily.

Generalmente en el Daily se comparten los impedimentos que no se han podido resolver. Aquellos que ya se han sido removidos no hay necesidad de contarlos, a menos que sea de gran importancia compartir su respectiva solución.

El Scrum Master estará pendiente a que las soluciones temporales evolucionen hacia una solución definitiva.

El Product Owner por su parte, tiene contacto directo con los StakeHolders y tiene una alta dedicación de tiempo para el equipo, así que puede apoyar buscando las respuestas a dudas que puedan surgir a nivel del negocio.

Importancia de la cross-funcionalidad en la solución de impedimentos

La cross-funcionalidad es la diversidad de conocimientos, y habilidades, que tienen en conjunto los integrantes de un mismo equipo. También es su capacidad de hacer sinergia con sus habilidades, para dar soluciones ágiles y efectivas a las problemáticas que presente el proyecto.

La cross-funcionalidad permite que las soluciones puedan encontrarse dentro del mismo equipo, sin depender de personas externas; esto reduce los cuellos de botella, que se generan debido a impedimentos que requieren de alguien ajeno al equipo para ser solucionados.

Un equipo cross-funcional es más productivo y creativo: las diferentes habilidades de las personas permiten al equipo solucionar, y sortear, los impedimentos que puedan presentarse a diario, logrando así, la continuidad del trabajo, para alcanzar los objetivos con mayor éxito y prontitud.

Otros datos del Daily Scrum

Una excepción en la manera de hacer el Daily

Hay momentos donde tu equipo tiene la medida adecuada, y están ubicados tan cerca uno del otro, que hacer un Daily Scrum de la forma "usual" no es siempre necesario; algunas veces, el mismo equipo resolverá la ceremonia de manera muy ágil, sin necesidad de ir a un lugar específico, a una hora específica. Esto debido a que, al estar uno tan cerca del otro, se comunican en todo momento, y cada uno sabe, casi con exactitud, en qué están trabajando todos los integrantes del equipo y cuál es el avance general del Sprint.

No mal interpretar lo anteriormente dicho: esto no significa que no debes hacer el Daily. El Daily debe hacerse a diario durante todo el Sprint, sin embargo, hay ocasiones excepcionales, donde quizá, no siempre sea necesario que se haga de manera "usual" y la ceremonia pueda resolverse más rápido de lo habitual.

Si es tu primer Sprint, realiza siempre el Daily Scrum de manera "usual", sin excepción, de modo que el equipo vaya entendiendo el beneficio y la forma como se desarrolla la ceremonia.

Tablero Kanban

El tablero Kanban es una herramienta que permite organizar de manera visual el trabajo.

La visualización de las actividades tiene ventajas como:
- **Control tangible y conocimiento del avance real del Sprint:** puedes ver con exactitud el estado general del Sprint, y el estado particular de las historias de usuario dentro de ese Sprint.
- **Visualización del flujo de trabajo:** el flujo del trabajo en un tablero Kanban, son

las tareas según su estado de avance. P.ej.: "Pendientes", "En curso" (WIP – Work in Progress), "Terminadas".

- **Ahorro de tiempo al momento de comunicarte con todos los miembros del equipo:** en el Daily te permite tener la visión de la historia de usuario a la cual se están refiriendo. El tablero Kanban tiene información suficiente para entender: de qué se está hablando, quién es el responsable asignado a cada actividad, la estimación de las historias, y en qué estado del flujo del trabajo se encuentra cada historia.
- **Fomenta la transparencia:** al tener un tablero Kanban en un lugar visible para todos, los interesados y miembros del equipo podrán estar al tanto del estado actual del Sprint.

Un tablero Kanban puede tenerse físico o digital. En físico puedes usar post-its o carteles (*véase la imagen 6*). En digital puedes usar plataformas software como: Trello, Excel, Jira, VSTS, entre otras.

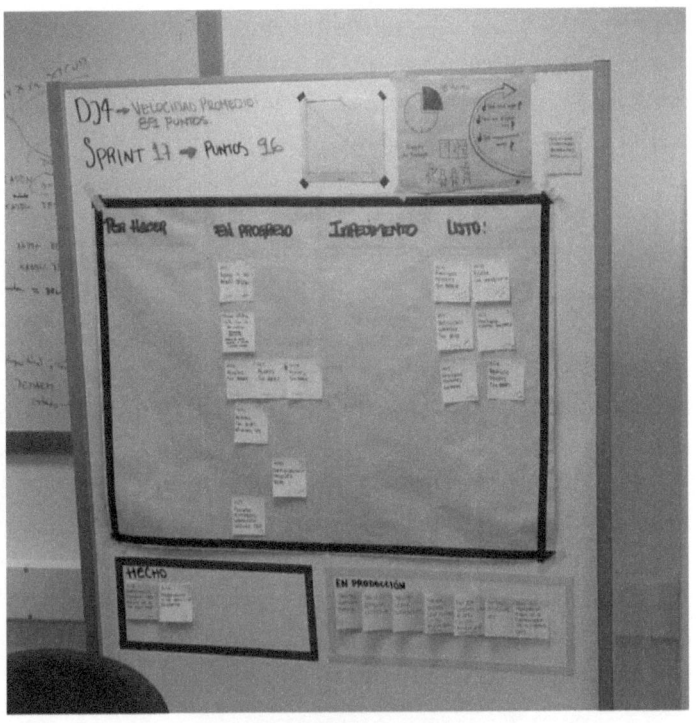

Imagen 6. Tablero Kanban (físico)

El tablero contiene, en su forma más básica, tres paneles que representan el estado o progreso de las historias.

Los paneles son:
- Por hacer (To-do)
- En curso (Doing)
- Hecho (Done)

En algunas ocasiones necesitaremos de otros paneles para administrar mejor el trabajo en curso. A continuación explicamos el significado de cada panel:

Por hacer (To-do): Es el trabajo que está pendiente. En este panel se tiene el listado de los pendientes del Sprint (Sprint Backlog).

En curso (Doing/WIP): Es el trabajo que está actualmente en curso (Son las historias que se están trabajando).

En el Daily Scrum (o en el trascurso del día) se mueven a este panel las historias que van a estar en curso durante las próximas horas o días.

Generalmente, cuando se mueve una historia desde el panel "Por hacer" hacia el panel "En curso", es cuando se asigna al responsable de dicha historia.

Hecho (Done): Son las historias terminadas. Aquellas que cumplen la definición de producto "terminado". Las historias que sean movidas a este panel no deberían seguir trabajándose. Si una historia se considera como terminada, se supone que nadie debe estar trabajando en ella.

Otros paneles dentro del tablero Kanban...

Debido a que algunas veces en el análisis subestimamos las historias, o en el transcurso del proyecto se nos presentan toda clase de imprevistos;

podremos necesitar agregar más paneles dentro del tablero. Por ejemplo:

Imprevistos: Son tareas adicionales, no esperadas, que surgen en medio del Sprint. Los imprevistos podrán causar contratiempos, y al no estar estimados, aumentarán el alcance del Sprint.

Con frecuencia, los imprevistos se presentan porque se ha subestimado la complejidad de una historia, o porque se ha estimado con alta incertidumbre.

Para gestionar los imprevistos, se debe agregar un nuevo panel al tablero Kanban, que contendrá las nuevas historias. Adicionalmente, se debe asignar una estimación y un responsable a cada imprevisto.

No somos perfectos, así que, con seguridad te será de mucha utilidad tener un panel de imprevistos. Así podrás gestionar con facilidad este tipo de tareas, y ver cuántos puntos de historia están fuera del alcance inicial.

Gestionar los imprevistos permitirá medir y analizar cada contratiempo. El objetivo de examinar los imprevistos es el de mejorar en el futuro.

Impedimentos: Son las historias de usuario que, por alguna razón, han detenido su avance diario, y por ende, el avance del Sprint. También pueden ser situaciones ajenas al producto, o situaciones no previstas que son difíciles de controlar, algunos ejemplos pueden ser: un integrante del equipo se encuentra enfermo, el proveedor del servicio se ha demorado más de lo pactado, o hay reuniones que están tomando demasiado tiempo.

Un impedimento que no se resuelve con rapidez o que no es escalado a tiempo, puede ser muy perjudicial, y difícilmente se podrá lograr la Meta del Sprint.

 Los impedimentos son gestionados por todo el Equipo Scrum: la solución del impedimento inicia con la gestión del encargado de la historia de usuario, y si persiste el impedimento, se debe escalar rápidamente al Equipo de Desarrollo, si continúa, el impedimento debe ser gestionado por el Product Owner, o el Scrum Master, según sea la naturaleza del caso.

 El Scrum Master debe estar atento a que haya avance hacia la respectiva solución de cada impedimento.

 Mientras se encuentra la solución del impedimento relacionado a una historia de usuario, esa historia pasa al panel "Impedimentos". Por otro lado, si el impedimento está por fuera del alcance o no está asociado a ninguna de las historias estimadas, se crea una nueva historia, y se agrega al panel para que sea visible por todos los miembros del equipo.

La figura a continuación representa una versión del tablero Kanban:

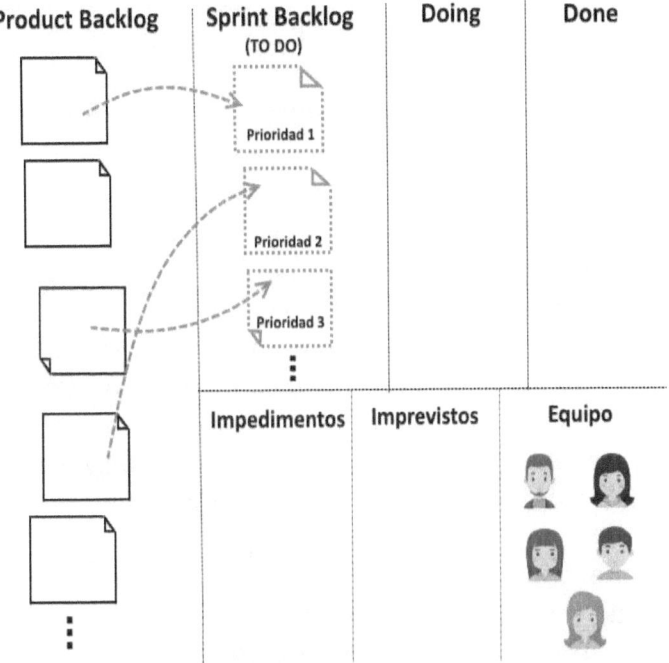

Figura 12. Tablero Kanban (autoría propia)

> **Burn Down Chart**

El Burn Down Chart es una herramienta que se usa para la visualización del trabajo pendiente. Nos permite conocer la velocidad diaria del equipo y saber si podremos alcanzar el objetivo del Sprint.

A través de la visualización del trabajo por medio del Burn Down Chart, podremos medir el trabajo faltante del Sprint, y entender su estado actual, para luego tomar decisiones sobre la adaptación y la mejora continua.

El Burn Down Chart representa el trabajo pendiente o faltante, es decir, el diagrama no intenta mostrar el trabajo que se ha realizado, sino el trabajo que hace falta y los días que nos quedan para terminarlo.

Permite visualizar el avance diario, representado en puntos de historia, a través de una curva descendente, cuya pendiente negativa, indica qué tan cerca estamos de lograr el objetivo del Sprint.

El Burn Down Chart, se representa dentro de un plano cartesiano con dos ejes: el eje vertical muestra los puntos de historia por terminar, y el eje horizontal es el tiempo de duración del Sprint.

La siguiente figura muestra un ejemplo de un BurnDown Chart:

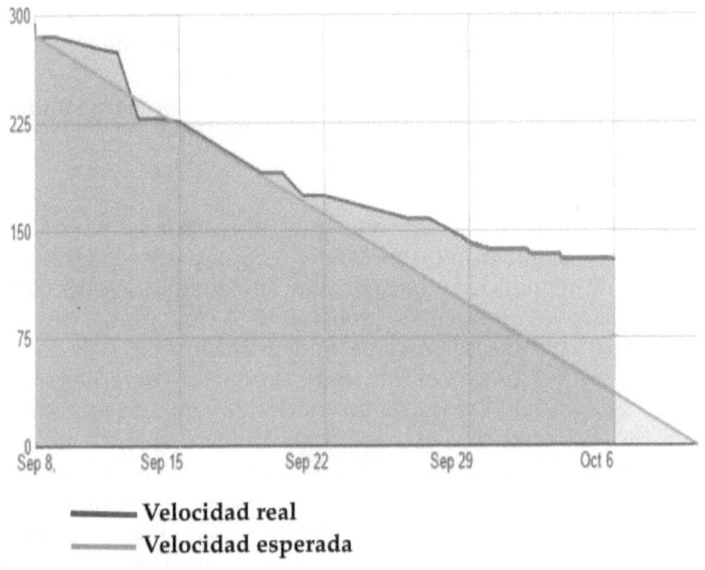

Figura 13. Burn Down Chart (autoría propia)

A diario, generalmente en el Daily, se actualiza el diagrama. En páginas más adelante lo explicaremos mejor.

Una analogía: Burn Down Chart

Hay una historia que relata lo que intenta mostrar el Burn Down Chart. La historia es la siguiente:
 	
    Una madre y un padre se dirigen al parque de diversiones con sus dos hijos.
    - Los hijos preguntan cada cierto tiempo: "¿Ya vamos a llegar?"

> - Los padres responden: "Hemos recorrido cinco kilómetros."
> - Luego de un rato, los hijos preguntan de nuevo a sus padres: "¿Cuánto falta para llegar?"
> - Y ahora los padres responden, de manera similar a la primera vez: "Hemos recorrido diez kilómetros."
>
> La historia cuenta el interés de los niños por saber cuánto falta por llegar al parque de diversiones, y los padres en lugar de responder a la pregunta, informan a los niños la cantidad de kilómetros recorridos. A los niños no les interesa cuántos kilómetros han avanzado para llegar al parque, a los niños les interesa saber si ya van a llegar, si están camino al lugar que prometieron y cuánto falta para llegar. Es igual que con los StakeHolders, a ellos no les interesa saber cuánto trabajo hemos realizado, o cuantas historias de usuario están en estado "terminado", o cuántos puntos de historias hemos desarrollado. Lo que realmente importa a los StakeHolders, es si vamos en la dirección correcta, cuánto trabajo nos falta para cumplir el objetivo del Sprint y si vamos a cumplir la meta en el tiempo estimado.

El Burn Down Chart es una herramienta que nos habla sobre las metas y estado real del avance del Sprint. Como dijimos antes, el Burn Down no muestra el trabajo realizado, muestra el trabajo faltante y los días que faltan para lograr la meta. Es un gráfico que sirve tanto para StakeHolders como para el Equipo Scrum.

Es de gran valor para el equipo conocer el estado del proyecto a través del Burn Down Chart. Esto permitirá adaptarnos rápida y oportunamente a cualquier imprevisto u obstáculo.

¿Cómo usar el Burn Down Chart?

El Burn Down Chart se actualiza a diario en cualquier momento del día. Nosotros por lo general lo actualizamos en los Daily Scrum:

1. Se dibuja un plano cartesiano con eje horizontal (X) y el eje vertical (Y).
2. En el eje vertical (Y) se escriben los puntos de historia a los cuales nos hemos comprometido en el Sprint actual. Estos puntos de historia es la suma total de las estimaciones que realizamos para cada historia de usuario en el Sprint Planning.
3. En el eje horizontal (X) se escribe, en días, el tiempo que va a durar el Sprint.
4. Luego, traza una diagonal desde el punto más alto del eje vertical hasta el punto más lejano del eje horizontal, de ésta manera verás la línea (o diagonal) de *velocidad promedio,* o ideal del Sprint.
5. El diagrama se actualiza a diario. Y se espera que estemos muy cerca de la línea de *velocidad promedio*. Si el avance se encuentra por debajo de esta diagonal, es porque estamos avanzando más rápido de lo

estimado, y si se encuentra por encima, es que vamos atrasados. Lo ideal es estar muy cerca de la diagonal, ni muy arriba, ni muy abajo.

6. Se suman los puntos de historia que se terminaron el día anterior y esta suma se resta a los puntos de historia pendientes. Por ejemplo: A) Se inicia el Sprint con un compromiso de 15 historias de usuarios las cuales suman en conjunto un total de 200 puntos de historia. B) Al siguiente día en el Daily Scrum se terminaron 3 historias de usuario las cuales suman entre ellas, un total de 26 puntos de historia. C) Esos 26 puntos se restan a los 200 puntos iniciales, lo que nos da un nuevo total de puntos pendientes de 174 puntos de historia (200 – 26 = 174). Con éste dato se dibuja un punto en el plano cartesiano que represente el nuevo número de puntos de historia faltantes en el nuevo día del Sprint.

7. Se traza una línea desde los puntos restantes del día anterior, hasta los puntos restantes actualizados del día en curso. De esta manera, podemos ver a diario, y conforme nos acercamos al final del Sprint, como la gráfica empieza a tener una curva descendente, acercándose cada vez al cero en los puntos de historia. (Usando el ejemplo del punto 6 de éste listado, sería una línea trazada desde el punto 200 hasta el 174).

8. Los puntos 5, 6 y 7 se repiten durante todo el Sprint.
9. Cuando vayamos por debajo de la diagonal que marca la velocidad ideal del Sprint, significa que vamos con buen tiempo, sin embargo, cuando estamos muy por encima de esta diagonal, quiere decir que hemos tenido algún contratiempo o quizá hemos estimado mal. Cómo dijimos antes, la idea no es estar todo el tiempo arriba o debajo de la diagonal, lo mejor será estar muy cerca ella.

La diagonal que indica la velocidad ideal, es tan sólo una guía que nos permite saber, qué tan bien o mal estamos avanzando hacia la Meta del Sprint. Usa esa guía para tomar decisiones de adaptación y mejora.

Dos posibles situaciones con el Burn Down Chart:

1. Historia de usuario con puntos de historia muy altos

Cuando una historia de usuario tiene una estimación muy alta, tanto, que incluso puede empezar al inicio del Sprint y terminar muy cerca al final del mismo, esto significa que tendremos dificultades para hacerle un apropiado seguimiento. A diario revisarás tu Burn Down Chart y vas a notar que la gráfica no desciende, o desciende demasiado lento. La percepción que da un Burn Down que no desciende, es que no se está logrando cumplir el objetivo en el tiempo estimado.

La razón de hacer inspección diaria, es revisar el estado del proyecto y tomar decisiones para corregir cualquier desvío o contratiempo. Si tenemos historias con estimaciones muy dilatadas, no podremos hacer un adecuado seguimiento y nuestra capacidad de adaptación se verá reducida.

Un posible comportamiento del diagrama Burn Down, cuando se tienen historias demasiado largas, se muestra en la siguiente gráfica:

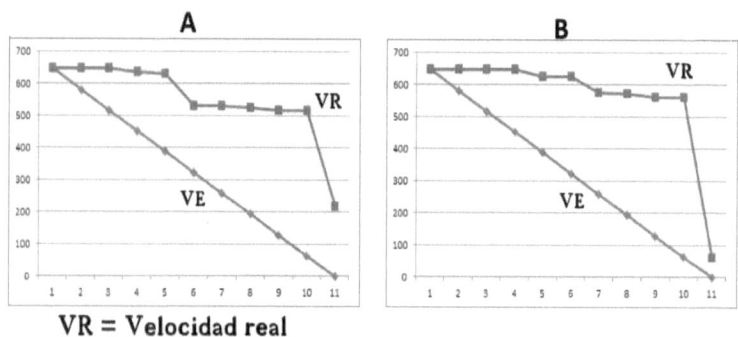

VR = Velocidad real
VE = Velocidad esperada

Figura 14. Burn Down HU demasiado largas (autoría propia)

2. Historias de usuario de un sólo día

Personalmente, algo que intentamos en el Sprint Planning, es tener historias de usuario que se puedan cerrar en máximo un día, así podremos evidenciar el avance diario del Sprint. Esta práctica puede traer consigo ventajas y desventajas:

1. **Ventajas:**
   - Se podrá visualizar diariamente el avance hacia la meta, y esto nos hará sentir motivados.
   - Además podremos saber con mayor rapidez si hay dificultades en el desarrollo; de esta manera se podrán tomar decisiones oportunamente, para adaptarnos mucho más rápido.
   - La capacidad de inspección y adaptación será alta, lo que representa grandes beneficios para el equipo y el Sprint.

2. **Desventajas:**
   - Al tener historias de usuario de corta duración, podríamos caer en el error de dividir demasiado las historias y terminar con un tablero súper poblado de micro-tareas.
   - Las micro-tareas al desarrollarlas por sí solas, no parecen agregar valor, y lo único que generan, es aumentar la

dificultad en la gestión del tablero del flujo del trabajo.

- Las micro-tareas en lugar de agregar valor, nos restarán agilidad; así que debemos ser cuidadosos y administrar muy bien la creación de historias de usuario. Las historias por sí solas deben agregar valor al producto, y en lo posible, deben lograrse terminar en un plazo de un día.

Habrá historias de usuario que no podrán ser terminadas en un solo día, esto es muy común en un proyecto; sin embargo, intenta terminar al menos una historia diaria para visualizar el avance del Sprint, y que sientas que progresas continuamente hacia la meta.

A continuación, verás dos figuras del comportamiento del Burn Down, cuando se tienen historias de usuario que se cierran en plazos cortos:

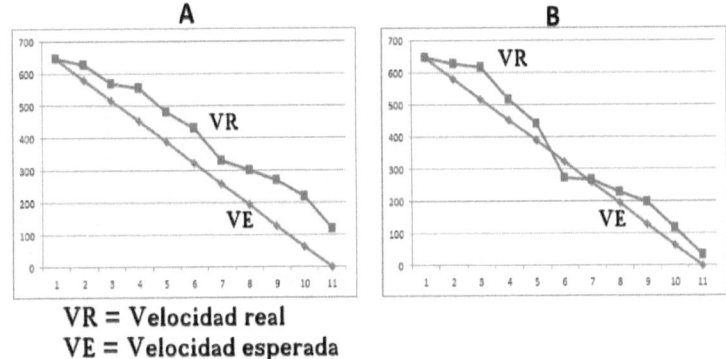

VR = Velocidad real
VE = Velocidad esperada

Figura 15. Burn Down avance constante (autoría propia)

Capítulo tres

Mi primer Revisión del Sprint (Sprint Review)

En el Sprint Review se revisa el incremento del producto y, si fuera necesario, se hacen ajustes a la Lista del Producto. El Sprint Review no es una reunión de seguimiento, es una reunión informal donde el Equipo Scrum, y los Stakeholders, se comunican y colaboran conjuntamente.

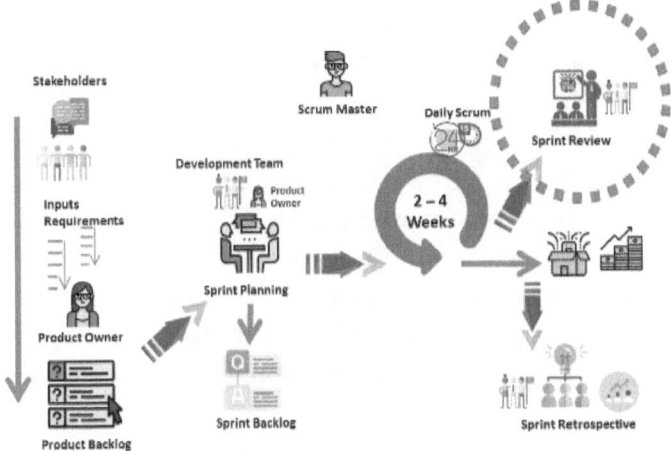

Figura 16. Sprint Review (autoría propia)

Al final de la ceremonia tendremos una revisión completa del incremento y la Lista del Producto. Adicionalmente, tendremos una idea de lo que se debe realizar para el próximo Sprint.

La duración del Sprint Review es de máximo 4 horas para un Sprint de un mes. Para aquellos Sprint que sean más cortos, la ceremonia usualmente dura menos tiempo.

El **Scrum Master** se asegura que la ceremonia se realice, que los asistentes entiendan el objetivo de la ceremonia, y que el evento se mantenga en el Time-Box de máximo 4 horas.

El Sprint Review no se trata de una entrega al **Product Owner**. El Sprint Review es usado para inspección y adaptación, tanto del incremento del producto, como del Sprint Backlog, e incluso, de la definición de "terminado". Por otro lado, el Product Owner debe estar enterado de todo lo que se va a decir en la ceremonia. El Product Owner es parte del Equipo Scrum y el encargado de las decisiones que se toman sobre la Lista del Producto durante el Sprint, es por ello, que debería estar enterado en todo momento sobre el estado del incremento del producto.

El Product Owner es el encargado de invitar a la ceremonia a los Stakeholders.

Pilares Scrum dentro del Sprint Review

La transparencia, está presente cuando todos nos comunicamos (Equipo Scrum, Stakeholders), revisamos el incremento del producto y obtenemos feedback. La revisión del incremento tiene la intención de fomentar la comunicación y la colaboración, y por ende, la transparencia.

La inspección, tiene lugar cuando se expone el incremento del producto y se genera una conversación alrededor del mismo. También está presente, cuando se revisa el negocio en general, y las implicaciones que tienen los últimos acontecimientos frente al producto en construcción.

La adaptación, se presenta cuando actualizamos la Lista del Producto, gracias a las decisiones y conclusiones que hemos tenido durante la inspección.

La inspección también podría arrojar conclusiones como la necesidad de actualizar, o refinar la definición de "terminado".

El éxito o fracaso del sprint es responsabilidad de todos

Una pregunta recurrente que hace el Equipo de Desarrollo respecto al Sprint Review es ¿por qué tenemos que asistir todos a la ceremonia, si mientras el Product Owner (o el Scrum Master) está presentando el incremento del producto, los demás podríamos continuar con labores de desarrollo? Hay varias respuestas para esto: a continuación, definimos tres apartados donde queremos explicar brevemente las razones por las que deberíamos estar todos en el Sprint Review, y no solamente un único integrante del Equipo:

1. Fin del Sprint:

Para el momento de realizar el Sprint Review, se espera que ya esté finalizado el Sprint, o esté a muy poco tiempo de la fecha de cierre, es decir, nadie debiera estar trabajando en el incremento del producto, porque se supone, ya hemos terminado la iteración y todos debemos estar 100% disponibles para realizar el Sprint Review.

2. Valiosa información

El Sprint Review es necesario para entender mucho más al producto y al usuario final. Al ser un espacio de comunicación, y colaboración, es de especial importancia que asistan todos los integrantes del Equipo Scrum y los Stakeholders.

Equivocadamente, se dice que a la ceremonia sólo debe asistir el Product Owner o el Scrum Master. Esto no es correcto, es importante la asistencia de todos al Sprint Review, debido a que para el Equipo Scrum, es la oportunidad que tienen de conocer más sobre el producto, aprovechando el contacto directo con los Stakeholders. Los beneficios de la asistencia de todo el Equipo Scrum son:

- **Comprender a nuestro usuario final** y entender, desde una perspectiva orientada al negocio, lo que se espera funcionalmente del producto.
- **Retroalimentación:** En el Sprint Review se tratan temas del proceso y del producto en general, se obtiene retroalimentación de los StakeHolders, y el Equipo Scrum puede presentar propuestas de mejora que se ha planteado durante el Sprint.
- **Los Stakeholders tendrán preguntas** y es mejor que estemos todos para apoyarnos, y comunicarnos efectivamente.
- **No se perderán detalles de las decisiones que se tomen** para el futuro del producto. Es importante asistir, para que todos puedan exponer sus pensamientos y entender con claridad las causas que han motivado los acuerdos que sean concebidos durante la ceremonia.

3. Motivación del equipo

El compromiso del Sprint es adquirido por todos, es una responsabilidad grupal, y no será justo que los sentimientos generados por una situación de éxito, sean percibidos sólo por algunos; cuando en realidad, fue un trabajo conjunto del que todos debemos sentirnos orgullosos. También es aplicable a la situación contraria, donde el sentimiento generado por un Sprint que no salió como se esperaba (no hay Sprint fallido si aprendes de las experiencias y superas los errores cometidos, véase el capítulo cuatro: *Mi Primer* Retrospectiva), debe ser compartida por todos, para que así, podamos reflexionar sobre nuestro trabajo, y nos comprometamos con más entusiasmo en los próximos Sprint.

Estar en una posición donde recibimos retroalimentación, ya sea por un buen o "mal" Sprint, motivará al equipo a involucrase más.

El Sprint Review no es para recibir felicitaciones o reprimendas. Es una oportunidad de colaboración y mejora continua.

¿Cómo hacer la Revisión del Sprint?

- Es necesario que acudan todos los miembros del Equipo Scrum y los Stakeholders.
- Se revisa el incremento del Sprint. El Product Owner explica cuales ítems de la Lista del Producto han sido terminados y cuáles no. Puedes apoyarte de la Lista del Producto para hacer un listado ordenado de lo que se va a revisar.
- Las partes interesadas pueden hacer preguntas sobre el incremento, en cualquier

momento, y el Equipo de Desarrollo responderá a las dudas.
- El Equipo de Desarrollo comparte aquellas vivencias que salieron bien y mal durante el Sprint. Y si es caso, cuenta como se resolvieron los problemas que se hayan podido presentar.
- El Equipo Scrum plantea propuestas o sugerencias que pueden ser provechosas: las propuestas usualmente son a nivel de proceso, o acerca de incluir, o modificar funcionalidades del producto.
- Se revisa el estado del producto y el negocio.
- Si es necesario, se realizan modificaciones a la Lista del Producto: según los últimos acontecimientos del negocio, y según las propuestas realizadas por el Equipo Scrum.
- Se discute lo que se debe hacer en el siguiente Sprint, para generar más valor.

El objetivo del Sprint debe ser entendido como un compromiso grupal.

Capítulo cuatro

Mi primer Sprint Retrospective

La Retrospectiva del Sprint (o Sprint Retrospective) es una gran oportunidad para que el equipo se evalúe a sí mismo y al proceso. El objetivo es analizar lo que ha ocurrido en las últimas semanas y diseñar planes para la mejora continua.

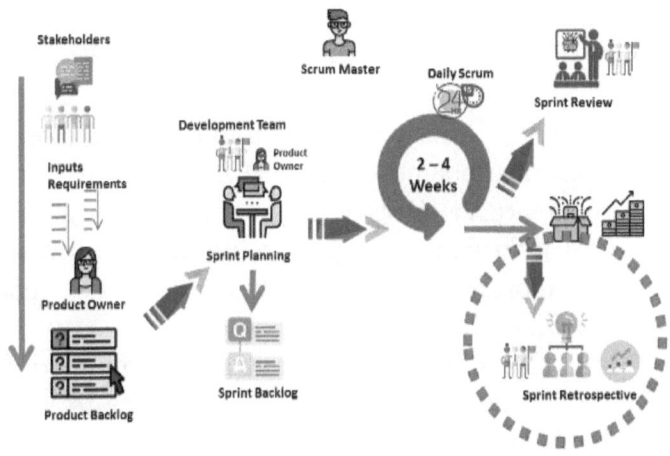

Figura 17. Sprint Retrospective (autoría propia)

En la Retrospectiva se examina lo acontecido en el último Sprint, y se busca comprender todo lo que funcionó y lo que no (proceso, herramientas, relaciones y personas). De esta manera, podremos autoevaluarnos y diseñar planes de mejora.

La ceremonia se realiza justo antes de iniciar el siguiente Sprint. Al terminar, es esencial haber diseñado planes de acción que se deberán ejecutar en el siguiente Sprint o en algún momento de los Sprint venideros.

Para el plan de acción resultante, se recomienda asignar un responsable de cada ítem dentro del plan y es labor del Scrum Master estar al tanto de que se cumpla cada uno de estos ítems.

De nada sirve un plan si no se ejecuta.

Cada Sprint es una nueva oportunidad de mejorar. Para lograrlo, debemos realizar la Retrospectiva de la mejor manera, ¿cuál es la mejor manera? sólo hay que **comprender el objetivo de la ceremonia** para abordarla conscientemente y con responsabilidad.

En resumen, y a modo simplificado, *"hacerlo de una mejor manera"* es entender, los inputs y los outputs de la ceremonia:

- **Inputs:** Experiencias vividas en las últimas semanas (proceso, herramientas, relaciones y personas)
    - Lo que funcionó
    - Lo que no funcionó

- **Outputs:** Mejora continua
    - Plan de Acción
    - Responsables para la ejecución del plan

Luego de entender esto, podrás facilitar la Retrospectiva de la forma que consideres mejor.

La Retrospectiva del Sprint es la oportunidad que tiene el equipo para entender cómo ser mejores.

Entender muy bien el objetivo de la Retrospectiva

Insisto en el tema de entender muy bien el objetivo de la Retrospectiva, debido a que, he sido testigo de cómo algunos equipos, al no entender el verdadero significado de la ceremonia, llegan a obviarla, e incluso la usan como tiempo de ocio o tiempo libre, que traducen en diferentes actividades que no generan valor para la mejora continua.

La Retrospectiva nos ayuda a crecer a través de la reflexión, es "una bocanada de oxígeno" que refresca al equipo, y le permite entender su pasado, para mejorar su futuro.

La Retrospectiva no se debe tomar a la ligera, es un tema realmente importante y serio; esto no quiere decir que una retrospectiva no pueda ser divertida y amena, ciertamente se pueden diseñar retrospectivas muy creativas, que nos facilitan el trabajo y agilizan mucho la generación de ideas. No obstante, debemos tener presente el objetivo real de la ceremonia, y no ser descuidados en este hecho.

La Retrospectiva es un momento muy importante para los equipos, si el Sprint Planning es el corazón de Scrum, la Retrospectiva son los pulmones.

> **Anécdota: El objetivo de la Retrospectiva**
>
> La siguiente historia es una de las vivencias que me ha impulsado a escribir este libro.
> Hace unos años, me asignaron como Scrum Master a un nuevo equipo de trabajo. El proyecto ya había iniciado semanas antes, pero yo recién me unía al grupo. Ese era nuestro primer Sprint juntos.
> La compañía quería implementar el marco Scrum para llevar al equipo y al proyecto hacia la agilidad. Así que empezamos a llevar a cabo cada una de las ceremonias, y a comenzar a entender el objetivo de cada una de ellas.
> Al finalizar el Sprint, nos juntamos para realizar la Retrospectiva. Inicié preguntando si alguno ya había pertenecido a un equipo ágil bajo el marco Scrum, y si habían realizado alguna vez una Retrospectiva. Algunos aseguraron ya entender la ceremonia y haber pertenecido a otro equipo que implementaba Scrum como marco de trabajo. Debido a que algunos de los presentes nunca habían hecho una Retrospectiva, expliqué rápidamente el objetivo de la ceremonia, y luego expliqué la dinámica que íbamos a realizar para lograr el objetivo de la misma. Todo se desarrolló muy bien y al término de la Retrospectiva, pregunté a los asistentes sus opiniones sobre lo que habíamos hecho. Quería saber, cómo se sintieron y que pensaron mientras trabajamos juntos. Todos aseguraron haber entendido y realizado muy buen trabajo durante la ceremonia, excepto uno de los integrantes. Me gustó

mucho tener una persona que tenía una crítica sobre cómo mejorar la ceremonia.

La conversación fue algo así:

- "¿Qué les pareció la Retrospectiva? ¿Cómo se sintieron? ¿podemos mejorar algo?"
- "Yo opino que puede mejorar. Podríamos hacer más dinámica la Retrospectiva. Hacerla más amena".
- "¿Cómo?"- pregunté –"¿Cómo podríamos mejorar?"
- "No lo sé, cuando estaba en el otro equipo, el Scrum Master hacía la Retrospectiva de manera diferente. Era mucho más ameno todo, era más dinámico".

Creí entenderle, y no indagué más en el tema. Estuve reflexionando durante todo el Sprint siguiente. Estaba dispuesto a mejorar, con seguridad iba a encontrar una solución, e iba a implementar mejoras en el aspecto señalado por mi compañero.

Se acercaba el final del Sprint, y aún no tenía nada concreto que me ayudara a mejorar. ¿A qué se refería mi compañero con una Retrospectiva más amena? ¿A qué se refería con una retrospectiva más dinámica?, cómo podría darle solución a estas interrogantes. Me sentía en un estado de negación, constantemente me decía a mí mismo que lo había hecho bien, repasaba una y otra vez los sucesos de la Retrospectiva, y estaba de acuerdo con que las cosas podrían mejorar, ¿pero cómo?

Pensaba constantemente: en la anterior ceremonia, había realizado una dinámica usando la técnica de "la estrella" (esta técnica se explicará más adelante en este mismo capítulo) para obtener información sobre lo que salió bien y lo que no. Al final construimos un plan de mejora y asignamos responsables a cada ítem. El objetivo de la ceremonia había sido un éxito, pero quizá la forma como facilité la ceremonia fue poco amigable, tal vez me concentré demasiado en el objetivo de la ceremonia y fui demasiado severo, quizá las herramientas con las que trabajamos o el lugar donde nos juntamos no fueron los adecuados, y debido a todo eso, mis compañeros no pudieron explotar toda su imaginación y aportar sus mejores opiniones.

No sabía que era, seguía en mi estado de negación, pensando que efectivamente había sido amigable, había sido flexible, el lugar había sido ideal y había apoyado a todos para que explotaran su imaginación.

Llegó el día de la segunda Retrospectiva, decidí ser más enérgico y hacer menos aburrida la ceremonia. Esta vez usé el "barco de vela" (el "barco de vela" se explicará más adelante en este mismo capítulo) como herramienta para facilitar la Retrospectiva. Mi actitud fue más activa, cambié el lugar de la ceremonia e intenté llevar más material para que no se sintieran cohibidos, para que estuvieran más relajados y aprovecharan al máximo su creatividad.

A pesar de las medidas que tomé, de nuevo mi compañero dijo lo mismo: expresó que a la ceremonia le faltaba más dinamismo y que el anterior Scrum Master lo hacía mejor.

Me sentí un poco frustrado, así que está vez le pregunté si podía darme un ejemplo de mejora, ¿qué haría él para mejorar la Retrospectiva?, incluso le dije que me contara lo que hacía su anterior Scrum Master, y así yo buscaría la forma de hacer algo parecido para que fuera más dinámica la ceremonia.

Lo que respondió mi compañero, me dejó perplejo, definitivamente despejó todas mis dudas, pero a la vez generó otras que me preocuparon bastante.

Resultó que su Scrum Master anterior, usaba el tiempo de la Retrospectiva para ocio. El Scrum Master hacía actividades de integración y recreación, como por ejemplo: llevar a todo el equipo a jugar billar, a jugar bolos, incluso a tomar unas cervezas y comer pizza. A esto se refería mi compañero al hablar de una ceremonia más amena y dinámica.

Personalmente, no puedo estar más en desacuerdo. Su anterior Scrum Master estaba perdiendo tiempo valioso que pudo usar para lograr la mejora del equipo. Entiendo y valoro las actividades de integración para potenciar la empatía y el trabajo en equipo. Pero las actividades de ocio y recreación, sin generar un plan para de mejora del equipo y del proceso, simplemente no cumplen el objetivo de la Retrospectiva y no agregan el valor esperado.

Las actividades de ocio deben desarrollarse en otros momentos, y no dentro de una ceremonia.

La Retrospectiva busca entender lo que salió bien y mal en el último Sprint, para así diseñar planes de mejora.

Puede ocurrir que alguna vez, un plan de mejora, tenga un ítem que hable sobre la necesidad de una integración lúdica con todo el equipo, para reforzar relaciones y mejorar el trabajo colaborativo, en dicho caso, debo decir que lo entiendo, lo valoro y lo apoyo. Sin embargo, en la Retrospectiva, se define un plan de mejora y luego el equipo podrá buscar un espacio por fuera del Sprint para realizar ese tipo de actividades. Por otro lado, también podríamos mejorar el aspecto de trabajo en equipo, asistiendo a capacitaciones o actividades de grupo relacionadas a lo que se quiere desarrollar en las personas. Para esto se puede asignar un tiempo que esté por fuera del Sprint, para que el equipo asista y logre mejorar sus aspectos más débiles.

Si crees que puedes combinar actividades de ocio y recreación con el objetivo de la Retrospectiva, está bien, hazlo. Recuerda estar siempre consciente del objetivo real de la ceremonia y cumplirlo para beneficio del equipo y del proyecto.

Duración de la Retrospectiva

Para un Sprint de 4 semanas la Retrospectiva tiene una duración de 3 horas. Para un Sprint de menos tiempo, la ceremonia es usualmente más corta.

Personalmente: Nosotros usamos 3 horas para un Sprint de 4 semanas, y para un Sprint más corto lo ajustamos *proporcionalmente*; así por ejemplo, para un Sprint de 2 semanas podríamos hacer una Retrospectiva de una hora y treinta minutos; pero esto debes ajustarlo con tu equipo, quizá el tiempo requerido sea un poco más o un poco menos (cada Sprint y cada equipo son diferentes), lo importante es lograr el objetivo de la ceremonia y no salirse del Time-Box máximo de 3 horas.

El Scrum Master debe velar por que se realice la ceremonia, sea productiva y el equipo se mantenga dentro del Time-Box.

¿Cómo se hace la Sprint Retrospective?

1. Se reúne el Equipo Scrum.
2. Cada uno de los integrantes del equipo comparte su opinión sobre lo que funcionó y lo que no durante el Sprint

3. El Scrum Master facilita la ceremonia, y si en algún momento alguien tiene dudas o tiene problemas para expresar sus ideas, debe apoyar guiando al equipo y formulando preguntas poderosas que permitan, a cada uno, desarrollar sus propias ideas para luego expresarlas.
4. Se propone y discuten planes de acción con el objetivo de mejorar en los próximos Sprint.
5. Se define cuáles de las propuestas se van a ejecutar en el Siguiente Sprint y se asignan responsables para la ejecución del plan. Todos somos responsables, pero será más organizado si hay personas encargadas del seguimiento, y desarrollo de cada una de las acciones del plan de mejora.
6. El Scrum Master debe velar por que se cumpla el plan de acción.

Algunas dinámicas y herramientas para realizar tu primera Retrospectiva...

Hay diversas dinámicas como: la estrella de Mar, el barco de vela, los seis sombreros, entre otras. También puedes diseñar tus propias dinámicas y herramientas que se ajusten más a tu equipo. Lo importante es que te permita reflexionar acerca de lo que funcionó, lo que no.

A continuación se exponen dos técnicas en las que puedes apoyarte para llevar una retrospectiva de forma más efectiva, organizada y amena.

✓ Técnica 1: Estrella de Mar

La estrella de mar permitirá al equipo compartir información relevante del último Sprint, sobre los temas que salieron bien y los que no.

¿Cómo usar la Estrella de Mar?

1. Para dar inicio, se debe dibujar una estrella con cinco secciones en una pizarra frente a los asistentes. Las secciones de la estrella son; "empezar a hacer", "seguir haciendo", "dejar de hacer", "menos de", "más de".
2. Luego, cada asistente escribirá sus ideas y pensamientos dentro de cada sección.
3. Cada asistente lee en voz alta una a una las ideas para ser discutidas por el equipo.
4. Por último, se construye un plan de acción para la mejora continua basado en las opiniones compartidas.

Nota: No es obligatorio, pero lo ideal es que cada uno de los miembros del equipo, escriba al menos una idea por cada sección. Una situación contraria sería que se escribieran tantas ideas que no fuera suficiente el tiempo definido para la retrospectiva, así que intenta relacionar las ideas que se repitan, e intenta que se discutan primero las ideas de mayor relevancia para el equipo.

La siguiente figura, muestra cuál es la composición de la estrella de mar:

Figura 18. Retrospectiva - Estrella de mar (autoría propia)

Los significados de cada sección...

Empezar a hacer son ideas nuevas que se proponen para ser probadas con la intención de mejorar. Estas ideas pueden suponer un riesgo, debido a que quizá su implementación no mejore el proceso e incluso pueda empeorarlo. Las propuestas deben ser explicadas frente a todo el equipo para que puedan evaluar el riesgo y decidir cuándo y cuáles se pondrán en marcha.

Seguir haciendo, es todo aquello que estamos realizando, que está funcionando y agrega valor. La información recopilada en este apartado, es importante para recordar todo lo bueno. Algunas veces, por los afanes o diversas circunstancias, olvidamos lo que nos ha estado funcionado y con el tiempo vamos dejando buenas prácticas de lado. Después de la Retrospectiva, las ideas aquí recogidas deberían estar expuestas en un lugar donde el equipo pueda observarlas en todo momento.

Dejar de hacer, son aquellas prácticas que no están generando valor. El equipo considera que por el momento, estas prácticas deben dejar de hacerse o, en otros casos, simplemente no funcionan de ninguna manera y deben eliminarse del proceso completamente.

Menos de, son cosas que pueden estar generando valor pero no el esperado, así que debe reducirse la intensidad con que se aplican estas prácticas para que sigan generando valor, sin distraernos y sin gastar más recursos de lo que realmente necesitan.

Más de, es todo aquello que ya estás haciendo y que agrega valor. A diferencia de "Seguir haciendo", en éste caso, hemos observado que aquello que nos ha funcionado, quizá pueda funcionar mucho mejor si decidimos hacer más de estas prácticas.

También puede ser algo que probamos, y al ver que funciona, queremos hacerlo en mayor medida para sacar un mejor provecho.

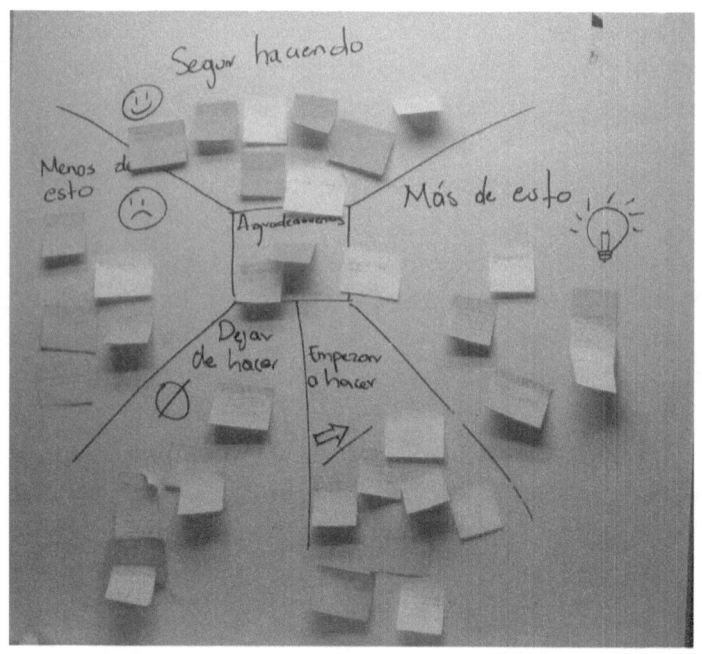

Imagen 7. Retrospectiva - Estrella de mar

✓ Técnica 2: Matriz de aspectos y emociones

La Matriz de aspectos y emociones, nos ayuda a expresar lo que sentimos, o percibimos, sobre algunos de los aspectos más relevantes del proceso y del equipo.

La matriz contrasta las emociones que dichos aspectos pudieron generar en el equipo. Básicamente, se intenta encontrar aquello que nos hace sentir bien y aquello que quisiéramos eliminar o mejorar.

La matriz puede dibujarse de la siguiente manera: en sus columnas se dibujan emociones, y en sus filas, los aspectos que se desea evaluar.

Los aspectos y emociones son de tu elección: para el caso de los aspectos, son todo aquello que haya tenido relevancia dentro del Sprint (también depende de la naturaleza del producto que estás construyendo).

Algunos ejemplos de emociones y aspectos pueden ser:

- **Aspectos:** Técnico, Entorno de equipo, Colaboración, Transparencia, Herramientas, Metodológico, Comunicación, etc.
- **Emociones:** Alegría, enojo, confusión, tristeza, amargura, angustia, etc.

La matriz a continuación es un ejemplo de lo que pudiera construirse para la Retrospectiva del Sprint:

Aspecto/Emoción	Alegría	Confusión	Enojo
Técnico			
Metodológico			
Entorno del equipo			

Tabla 5. Matriz de aspectos y emociones (autoría propia)

¿Cómo usar la Matriz de aspectos y emociones?

1. Se dibuja en una pizarra una matriz cuyas columnas expresen emociones y en sus filas los aspectos.
2. El equipo escribe las ideas o pensamientos que cada aspecto le genera relacionado a cada emoción:
   - Ejemplo: si usamos "metodológico" como aspecto, y por otro lado, usamos como emociones; "alegría", "confusión" y "enojo". En este caso:
     o A un miembro "A" del equipo: podría generarle "alegría" la documentación metodológica que hay alrededor del proceso y lo fácil que sido entender dicha documentación.
     o Sin embargo, al mismo miembro "A": podría generarle "confusión" algunas situaciones que se están presentando a nivel de la metodología y que no están expuestas en la documentación del proceso. En este caso, el miembro "A" escribiría dos anotaciones, una que exprese su "alegría" con el aspecto metodológico, y otra que exprese su "confusión".
     o Por otro lado, a un miembro "B": le puede estar causando "enojo" que

existan departamentos de la compañía que no cumplen con el debido proceso para realizar solicitudes. Entonces, este integrante, debe describir las razones de su enojo con el aspecto metodológico.

Nota: No es obligatorio rellenar todas las casillas de la matriz, pero sí es de gran importancia que cada integrante intente poner al menos una idea en cada una.

3. Luego de escribir nuestros pensamientos, los ubicamos en el pizarrón, en la casilla correspondiente, y compartimos nuestras reflexiones con el resto del equipo.
4. Generamos un plan de acción para la mejora continua.

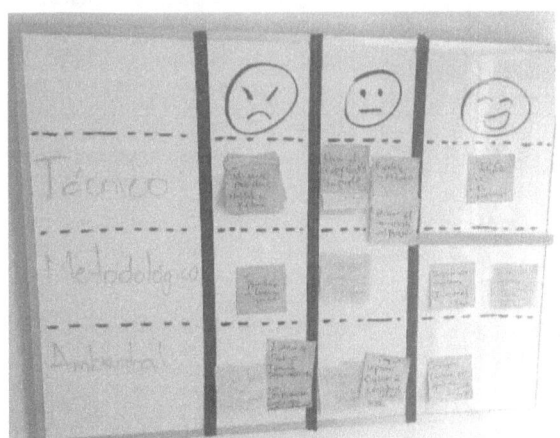

Imagen 8. Retrospectiva – matriz de aspectos

Hemos finalizado: Conclusiones

A continuación, se presenta una breve descripción de cada rol, su función dentro del marco y cómo interactúan dentro de cada evento:

Product Owner			
Sprint Planning	**Daily Scrum**	**Sprint Review**	**Sprint Retrospective**
1. Indica lo que el equipo debe desarrollar a continuación 2. Entrega el Product Backlog priorizado. 3. Resuelve dudas sobre el producto y las historias.	1. Ayuda en la remoción de impedimentos (si es el caso)	1. Presenta el incremento junto al Equipo de Desarrollo. 2. Comunica ideas y sucesos relevantes.	1. No siempre estará presente, pero cuando esté en la ceremonia todos deben sentirse cómodos compartiendo pensamientos y reflexiones.

Tabla 6. Descripción Rol: Product Owner (autoría propia)

Scrum Master			
Sprint Planning	**Daily Scrum**	**Sprint Review**	**Sprint Retrospective**
1. Facilita la ceremonia. 2. Se encarga que todos entiendan el objetivo de la ceremonia	1. Ayuda en la remoción de impedimentos 2. Facilita la ceremonia. 3. Se encarga que todos entiendan el objetivo de la ceremonia	1. Revisa la definición de "DONE" 2. Facilita la ceremonia. 3. Se encarga que todos entiendan el objetivo de la ceremonia	1. Se asegura que haya un plan para la mejora continua 2. Facilita la ceremonia. 3. Moderador 4. Se encarga que todos entiendan el objetivo de la ceremonia

Tabla 7. Descripción Rol: Scrum Master (autoría propia)

Development Team			
Sprint Planning	**Daily Scrum**	**Sprint Review**	**Sprint Retrospective**
1. Elige y acuerda con el Product Owner las historias que podrá desarrollar en el siguiente Sprint. 2. Estima el trabajo. 3. Se compromete.	Responde ante todos las tres preguntas: 1. ¿Qué hice ayer?, 2. ¿Qué voy a hacer hoy?, 3. ¿Qué impedimentos tengo?)	1. Presenta el incremento. 2. Resuelve dudas a los Stakeholders. 3. Comunica ideas y sucesos relevantes.	Responde a las preguntas: 1. ¿Qué salió bien? 2. ¿Qué salió mal? 3. ¿Qué mejorar y cómo hacerlo? (Plan de mejora)

Tabla 8. Descripción Rol: Development Team (autoría propia)

Ser ágil no es hacer, al pie de la letra, una serie de pasos, acciones o tareas; más allá de eso, ser ágil es una forma de pensar, es una filosofía y una cultura.

Ser ágil, se trata de interiorizar este pensamiento y actuar conforme a él.

Hacer Scrum no significa que serás ágil, serás ágil cuando entiendas el porqué de cada pilar, evento, artefacto y rol dentro del marco. Entender la esencia y el objetivo de cada uno de estos conceptos (y de otros como la entrega continua y la cross-funcionalidad), te llevarán a ti, a tu equipo y a la compañía, a ser realmente ágiles.

Referencias Íconos dentro de figuras

1. **Íconos Figuras 1, 2:**
   - Icon made by Freepik from www.flaticon.com
   - Icon made by Smashicons from www.flaticon.com

2. **Íconos Figuras 3, 5, 6, 10, 16, 17:**
   - Icon made by monkik from www.flaticon.com
   - Icon made by Freepik from www.flaticon.com
   - Icon made by Smashicons from www.flaticon.com
   - Icon made by Becris from www.flaticon.com
   - Icon made by Eucalyp from www.flaticon.com
   - Icon made by Roundicons from www.flaticon.com
   - Icon made by Vectors Market from www.flaticon.com

3. **Íconos Figuras 9, 11:**
   - Icon made by DinosoftLabs from www.flaticon.com

4. **Íconos Figuras 12, 18:**
   - Icon made by Freepik from www.flaticon.com

El autor de Mi Primer Sprint con Scrum es
Jhonny Gómez Chalacán

Portada realizada por
Fátima Vega

Infinitas gracias a los editores:
Maria Trinidad Hojas
Mireya Tijerina
Celina Yépiz
Jennifer Ramirez Kaffaty
Josué Molina
Diana Castillo

Escrito y publicado en
Septiembre de 2018
Madrid, España
Cali, Colombia

Mi Primer Sprint con Scrum Edición No 1
está publicado de manera independiente

Redes sociales del autor

 @DailyDO3

 @agile_dojo

 https://www.linkedin.com/in/jhonnygomezc

www.ingramcontent.com/pod-product-compliance
Lightning Source LLC
Chambersburg PA
CBHW031630210526
45464CB00004B/1838